Ⓢ新潮新書

梶原しげる
KAJIWARA Shigeru

ひっかかる日本語

489

新潮社

ひっかかる日本語 ● 目次

まえがき

「梶原さんは、典型的な粘着気質ですね」

私に宣告したのは、東京大学で精神保健学を教える森俊夫先生だ。患者として診察を受けていたわけではない。先生の講座を受けた際に、こう言われたのだ。「粘着気質」とは「こだわり型」ともいう。心理学者クレッチマーの分類によるもの、といえば「ああ、なんか聞いたことある」という方もいることだろう。

このタイプの外形的な特徴は、筋肉質の固太り。私はそのまんまだ。

思考・感情・行動の特徴を一言で言えば、「熱心、まじめ、エネルギッシュ、力強い、持続力と集中力がある、修行好き、ルールを守る、正義派」。

悪く言えば「濃い、うざい、うるさい、しつこい、細かい、物わかりが悪い、執念深い、ストーカー的だ、回りくどい、話が長い、一方的に話す、融通が利かない、こだわりが理解されないと爆発する」。

こちらも確かにその通り。本書をお読みになれば特に「うざい、しつこい、執念深い」あたりは「まさにお前だ」と思っていただけるはずである（自慢にならないか）。

では、どういう場合に私はこの個性を発揮しているか。

もっぱらその対象は「日本語」である。

毎日の生活の中で、見聞きする言葉に、妙にひっかかる。気になる。こうなってからが粘着気質の面目躍如である。ひっかかると、なぜそうなのか、どこがおかしいのか、どこが他と違うのか、いろんなことを考えたくなったり、人に聞きたくなったりする。ストーカー的と言われても、しかたがない。でも、ひっかかった言葉について考えるのは、実に面白い。しかもお金もほとんどかからない。

日本語はそれ自体が偉大な娯楽であると思う。生れてからこのかたずっと接しているが、アンテナを張っておくと、日々いろんなことにひっかかる。しかもそれについて考えることが、すこぶる面白いのだから。

いちおうお断りしておくと、他人のアラばかり探しているわけではない。「この言葉、ヘンだぞ」と同じくらい「この話し方、いいなあ」ということにも、ひっかかるのだ。

たとえば池上彰さんの番組を見ると、語られている知識よりも、その説明能力の高さがひっかかる。そしてわかりやすさの秘密を探りたくなるという具合だ。そのへんについても書いてみた。

本書は、私がひっかかった言葉をきっかけにして、あれこれ調べたり、考えたりした成果である。時にはしつこく聞いたり、攻めたりして、ご迷惑をかけた方もいるかもしれない。その点はどうかご容赦いただきたい。

第1章　ひっかかる日本語

1 「いつもきれいに使っていただきありがとうございます」

会社の同期の友人と初めて飲みに行き、さて勘定というときに「いつもおごってくれてありがとう」と言われたら、どう思うだろうか？　「それって、俺に払えってことか⁉」とちょっとむかつくのではないか。

いや、むかつく以前に戸惑うはずだ。一緒に飲むのさえ初めてなのに「いつも」と言われ、おごるつもりもいわれもないのに先回りして「感謝の言葉」を言われたら、その不条理な状況に、どうしていいかわからなくなるのが普通だろう。

実は、これと同じような事態が街の至る所で勃発している。少なくとも十数年前からの現象だ。

「いつもきれいに使っていただきありがとうございます」

そう、例のトイレの張り紙だ。

最近のコンビニ、ファミレスのトイレには大抵張ってある。

生まれて初めて立ち寄ったトイレで、これからファスナーを開けようかというとき、ふと前を見ると「いつもきれいに使っていただきありがとうございます」の文字。一瞬出るものも出にくくなるのは、私が前立腺肥大世代のオヤジだからではない。

近未来を先取りし、強引に過去の出来事にして感謝までしてしまう。なんとも強引なコピーに、頭が混乱し、放尿もためらいがちになる。そうか、ためらいがちになれば放水の勢いがそがれ、結果的に清掃担当者のもくろみ通りになるということなのか？

コンビニ、ファミレスは時制を飛び越えるのが大好きだ。私も含めて多くの人が違和感を訴えたにもかかわらず、「ご注文の品、以上でよろしかったでしょうか？」と、現在の状況を尋ねるのに過去形を用いる人もいまだに数多くいる。軽々と時制の壁を飛び越える宇宙人集団なのかもしれない。ただし不思議なのは、「よろしかったでしょうか？」の時制無視と比べると街中のトイレに張られている「未来のことを過去形で表現する時制無視」は、すんなり受け入れられている感じがすることだ。「よろしかったでしょうか？」は、必死に丁寧語的表現を目指してのことと察せられる単なる誤用だ。それほど目くじらを立てるほどのことではないのかもしれない。

ところがトイレの「いつも～ありがとうございます」には、巧妙に意図された企みがある。すなわち「トイレを汚すな」というメッセージをオブラートに包み込み「感謝」という形で「お願い」あるいは「命令、指示」しているわけである。言葉巧みに大衆をコントロールしようとの策略に乗せられているというのにこの寛容さは何だろう。「トイレはきれいに使うのが当たり前だけど、それを命令するんじゃなくて柔らかくお願いしているんだよ。実に奥ゆかしい工夫のある表現じゃないか」

まともな大人なら、まあそう考えるのだろうが、言葉フェチの私は一旦ひっかかると気になってしかたがない。

トイレの張り紙のルーツ探しと並行して、このような「日本語の時制の不統一問題」について、言葉の問題にぶつかると、いつも頼っているＮＨＫ放送文化研究所の塩田雄《たけ》大《ひろ》専任研究員にぶつけてみた。あれって変じゃないんでしょうか？

「たしかに、初めての行為について『いつも』と使うのは承伏できないという梶原さんの気持ちは分かりますが、とりわけ問題にはなっていませんね。そういう意味で逆に興味深いお話です」

塩田さんは私の馬鹿な話に耳を傾けてくださる。そこで、さらに疑問をぶつけてみた。

「某航空会社の『今日も、○○航空をご利用いただきありがとうございます』の『今日も』も、生まれて初めて利用した人にとってはおかしい気がするんですが？」

「そう感じる人もいるでしょうね。しかし、そういう言い方、日本では古くから存在しているんです。例えば、商売人が『毎度ありー（毎度ありがとうございます）』を、毎度来店していない初めての客にも声掛けする習慣がありますね。

違うのは、トイレの張り紙は文書、航空会社の『今日も』や『毎度』は口頭で語られるものという点ですね。口頭の定型文としてはこの手の言い方は定着しているんですね」

「ラッシュ時の駅でよく聞く、電車のドアがまだ開いていて、乗客が押し合いへし合い乗り込もうとしているのに『ドアは閉まってます。はい、ドア閉まってまーす！』という言い方も気になりますね。実際に、今現在はドアは開いているんです。だからみんな乗り込もうと必死なんです。それなのに、閉まっているという結果をあらかじめ宣言して、閉めたいという願望を述べているんですね。閉めたいから、早く乗ってくれ！　ってことでしょう。これなんかは、トイレの張り紙的だなあ」

「口頭の定型文が定着することで違和感が消えるのと同じように、文章でも同じ現象がありますす。初めて送るメールでも『いつもお世話になっております』から始めることも割と普通にやる人がいますね。取引の全くない会社から『いつも弊社への多大なご支援ご協力、心より御礼申し上げます』なんて書き出しで、金融商品や不動産の勧誘のダイレクトメールがくることとありませんか？」

「ありますす。自慢じゃないが、こちとら、そんな億ションの売り込みするような会社をいつもお世話するほど大金持ちじゃないわい、ってひねくれちゃうことあります」

「トイレの『いつも〜ありがとうございます』も、定型文の一種として定着したから違和感を覚えない人が多いとも言えないでしょうか？」

普通の人は繰り返し目にし、耳にするうち、定型文として受け入れ始める。トイレの張り紙に、いまだに抵抗を示している私は、やはり「変」なのかもしれない。

「あらかじめほめる」という教育心理学的技法は、昔から子育てで親達がごく自然に身につけてきたやり方だ。

「あんたは、いつも良い子なんだからね、我慢するのよ、いつも頑張ってるんだからね」

あまり普段良い子でもなく、がんばりもきかない子供であればあるほど、こんな風に言って、なだめすかしながら子育てに懸命な母親達の苦労が目に浮かぶ。感謝の先手を打つこの「定型文」は、なかなか優れているということで、ひっかかる方がひねくれているのかもしれない。

2 あなたはゼロ派？ レイ派？

090-0123-××××。携帯など電話番号を人に伝える時、0にあたるところをあなたは「ゼロ」と言う？ それとも「レイ」と言う？ 私は「ゼロキュウゼロ」と読むゼロ派だが、「レイキュウレイの」と言う「レイ派」も少数派ながら存在する。

ところがテレビやラジオに耳を澄ますと「お問い合わせは東京レイサン、レイイチニイサンの××××までお願いします」と0を言う時「ゼロ」ではなく「レイ」が使われていることが普通だ。

テレビ、ラジオのアナウンサーが番組内で電話番号、郵便番号などを口にする時は「レイ派」が圧倒的、支配的だ。何故か？　その答えはＮＨＫ放送文化研究所のホームページに書いてあった。

要するに「ゼロ」は英語、「レイ（零）」は日本語。「ゼロ、キュウ、ゼロ」というのは「ワン、ツー、サン」とか「彼は我が社のナンバーイチです」というのと同じようなもの、ということである。

なるほどこれが論理的な正解だろう。だからＮＨＫ始め各局のアナウンサーは大抵「レイ」と言っている。「ゼロ」の印象が強いのは、主に通信販売の電話受付ジングルで「♪東京ゼロッサーン！（略）」と、思いっきりゼロサンを歌い上げているのがあるからだ。

ところが曲がりなりにも長年アナウンサーをつとめてきたにもかかわらず、私は「ゼロ派」だった。だから四十歳を過ぎてフリーになり他局で仕事を始めた時、何度か「ゼロサンではなく、東京レイサンと読んでください」と訂正させられたことを今でも鮮烈に覚えている。

「え？　なんで？？」

実はここには特殊な事情がある。私が育った文化放送が、「ゼロ」を多用している数少ない局だということである。

原因はおそらくQRソングという局のPRソングの存在だ。曲のできた六〇年代早々から、今日に至るまで一ラジオ局のPRソングがこれだけ多くの人に定着しているのは珍しい。聞けば「ああ、あれね！」と、関東圏の人なら思わず口ずさめる。最初に歌ったのは当時のスーパーアイドル、ザ・ピーナッツ。発表された当時の周波数は一一三〇キロヘルツ（今は一一三四キロヘルツ）。作詞は新進気鋭のコピーライター（のちの大作家）だった野坂昭如さん。局名と周波数を歌詞に織り込んだ傑作は耳にこびりついて離れない。

♪キュッキュキュキュQR。ランランラジオはQR。一一三〇（イチイチサンゼロ）QR。文化放送聞いちゃった♪

「♪イチイチサンゼロQR♪」と、日本語の中に外来語（英語）の「ゼロ」を混じり込ませたものを繰り返し聞かされて育った我々は、何の違和感もなく「ゼロ派」に育っていったものと思われる。そしてその伝統は今に引き継がれ、番組内で電話番号を言う場合は必ず「東京ゼロサン」と全局員、完璧な「ゼロ派」となる。

私と同じ、文化放送の先輩みのもんたさんは、どの局に行っても断固「東京ゼロサン」を貫き通してきた。これはみのさんがテレビでの無名時代でさえ、文化放送魂を持っていたからではないか。

そして、その後超大物司会者になってからは誰も「みのさん、うちはレイサン主義なもんで、東京レイサンでお願いします」とは怖くて言えなくなったのだろう、というのが私の推測だ。みのさんは局のスタンダードに合わせるような妥協を嫌う。わがままと言えばわがままだが、天下を取るにはそのくらいの心意気がないとダメなのだと思う。

もっとも、「レイ派」がずっと主流かどうかといえばこれはわからない。ＮＨＫ放送文化研究所の塩田専任研究員はこう言う。

「電話番号と郵便番号はレイと読むべしと一応のガイドラインをＨＰで示しはしましたが、ゼロという〈歴史の浅い英語の日本語化〉は（ＨＰ掲載後も）急速に進み、今では日本語と混じっても違和感を覚えない人も増えています。『ゼロ』が『カルタ』『コップ』のように〈外来語という認識を持たなくなった言葉〉の範疇《はんちゅう》に入っているという考え方からすれば『ゼロサン』でも問題はないということも言えるかもしれませんね。

それに『ゼロ』は、響きに強さがあるので、ものごとを強調する時にはこちらのほうがふさわしい、と感じる人がいても、おかしくないと思います。例えば新入社員教育で先輩が後輩に『会社の内線電話から外にかける時はゼロ発信にしてくださいね』と教えますが『レイ発信にしてくださいね』とは普通言いませんものね」

塩田専任研究員の、コトバの揺れや変化を認める度量の大きさは、私が最も尊敬するところ。常にコトバの現状をリサーチして、最新の見解を述べ、旧来の考えにずれが生じたら、それもきっちり受け止める。私も塩田さんの日本語研究スタイルを模倣させていただいている。放送局で「レイ派」が多数を占める現状に、今後変化が出てくることだって大いにありそうだ。

実は第二次世界大戦中活躍した「零戦（ゼロ戦）」も、正式名は零式（レイシキ）艦上戦闘機だったという。しかし、現場では古くから「ゼロ戦」と「レイ戦」、両方のニックネームで呼ばれ、時が経つにつれ現場でも、報じるメディアも「ゼロ戦」という呼び方に定着したのだ（とこれも塩田さんに聞いた）。

「コトバ好き」はとかく、これはダメ、これは不適切、これは恥ずかしいと上から目線で一律に「○か×か」を決めたがる傾向がある。私も大いに反省するところだ。

コトバは生き物。常に変化していることを前提に、コトバの「奥深さ」を楽しみたい。

3　「ワンエルディーケー」の将来

レイかゼロか問題に似た話題をもうひとつ。

マンションの間取りに使われる「ＬＤＫ」についてあなたに質問。その場で手を挙げてお答えいただきたい。

Ｑ１　１ＬＤＫを「いちエルディーケー」と読む人は？

Ｑ２　２ＬＤＫを「ツーエルディーケー」と読む人は？

みなさんはおそらく、どちらにも手を挙げなかったのではないか。

１ＬＤＫは「ワンエルディーケー」、２ＬＤＫは「にエルディーケー」が「普通」のようだ。少なくとも私自身そう読んでいるし、不動産屋を含め、周囲の人に聞いたところ「なんで当たり前なこと聞くの？」といぶかしがられた。

でも冷静に考えれば、おかしくないか？　どうして１だけ「ワン」と英語で、２以降は「に、さん、よん、ご」と日本語なんだ？

ゼロとレイの時の理屈でいけば、ＬＤＫという、「和製英語」とはいえ「英語風の言葉」には「ワン」を頭に添えるのが正しい気がする。ならば２ＬＤＫの２だって、「ツー」とすべきではないか？

野球だって、ワン・ストライクの次はツー・ストライク、ワン・ボールの次はツー・ボール、ワン・アウト、ツー・アウト、スリー・アウトと、英語で始めたら英語で通す、見事な一貫性があるというのに。

ＬＤＫは二つめからいきなり日本語に切り替えてしまうのは何故なのか？

モノの数え方についての本は山のように発行されている。しかし、１ＬＤＫの時は「ワン」と言い、２ＬＤＫの時は「に」と読む「奇妙な法則」についてふれているものは現在までの所発見できていない。

そこで私は日本語研究の総本山、人間文化研究機構国立国語研究所に助けをあおいでみた。国立国語研究所には、独立行政法人の時代からしばしばお世話になっている。しかるべき手続きの後、電話で回答をしてくださった。電話に出てくださった方は偉い先生に違いないし、きちんとご説明してくださった。が、凡才の私にはアカデミックすぎて理解しかねる点が多かった。国立国語研究所には何の落ち度もない。悪いのは私だ。
そこで、以下は研究所の先生がお話しになった言葉の切れ端を拾い上げたものをばらばらにつなぎ合わせつつ、書物をあさり、あちこち様々な方面から聞きかじった内容を取り込んで書き上げた、梶原流「超訳」である。

博士「一般にこの手の日本語問題をお問い合わせになる方は、白黒はっきりさせたい、法則性を明確にしたいとおっしゃる傾向がありますが、言葉とは必ずしもそうでない場合があるんですね」
梶原「そうでしょう。私もはっきりさせたいタイプです。反省してます」
博士「多勢に無勢ってご存じですか？」
梶原「は？　はい、まあ」
博士「極端に言えば呼び名は〝多勢に無勢〟できまるもの。『ワンＬＤＫ』もそうなの。数と力。大きな声を出す人が大勢でそう言いつのれば、それを聞いた多くの人がそのように読むようになる。その言葉を作った人が『こう読んでほしい』と自分の影響力やメディアの力を使って広めて定着させればそれがスタンダードな呼び名になる。

耳慣れた主流派的言葉が『正しい』と言われるようになる傾向があるんです。『ダイ・ハードフォー』って映画知ってますか？

あれ、本当は『ダイ・ハード4・0』なんですね。だから日本の配給会社が『ダイ・ハードよんてんれい』と大宣伝すればそうなったはずです。しかし、結局『ダイ・ハードフォー』とメディアとオピニオンリーダーを通じて定着させた。それを誰も疑うことなく受け入れた」

梶原「あのー、LDK問題なんですが……」

博士「そうそう、LDKという言葉はおそらく1LDKから広まっていったのでしょう。LDKという斬新な英語的響きには『いち』という日本語より、『ワン』という英語のほうがよりいっそう『おしゃれ』だ。意図的に『ワンエルディーケー』という、聞こえの良い呼び名を、誰か影響力のある人が影響力のあるメディアで訴えた。それに多くの人が心打たれた。それが広まった。定着した。

そもそも『ワン』は『ツー』や『スリー』より新しい複合語を作る能力が高い。これを造語力が高いと呼んでいます。『ワン切り』『ワンレン』はあっても『ツー切り』『ツーレン』はありませんね。

まず、ワンＬＤＫが定着。そのうち今度はＬＤＫという言葉そのものがすっかり生活に溶け込み一般的な『日本語』として耳に馴染んだこともあって、に、さん、という言葉と結びつきやすくなったとも言える。ＬＤＫが助数詞（数えられるものがどんな種類のものであるかを表わす『枚、台、脚《きゃく》』のように前に必ず数字を伴う単位語）にまでなれば、その時は『ワンＬＤＫ』も『いちＬＤＫ』になるかもしれませんねえ。一グラム、二グラムをワングラム、ツーグラムとは言わないように。

また、時代性というものもあるんですね。鉄人28号とウルトラセブン知ってますか？鉄人28号の時代は、漢語＋漢語で十分かっこよく、みんな納得したんですね。これが時代が進むと、ウルトラセブンのように英語＋英語のほうが時代的に合う感じがした」

梶原「まあ、そんな気もしなくもありませんね」

博士「呼び名や数値を英語にするか、漢語にするか和語にするかには時代性があるのです。重力加速度をｇを使って表わす３ｇ（さんジー）、４ｇ（よんジー）といった言い方は相当古くから使われていました。

今、ニュースによく出るＧ20（ジートゥエンティー）、ＣＯＰ10（コップテン）も、一昔前ならジーにじゅう、コップじゅう、という呼び方だったかもしれないんです」

梶原「ほう。昔からある、Ａ４とかＢ５なんかでは確かに『よん』『ご』と読んでますからね」

博士「Ａ４とかＢ５は日本の紙の大きさを表わす基準だから、そもそもフォー、ファイブはないのです。３Ｋ職場なんていうのもＫは、汚い、きつい、危険といった日本語のローマ字化した頭文字だから、これも3は、『さん』なんです。

時代性と言いましたが、新しさイコール英語ではなく、あえて日本語にしたほうが新鮮だという感性もあるんですよ。ツイッターを〝つぶやき〟なんていう昔ながらの日本語で表現するのなんかもそうですね」

梶原「日本語読みは必ずしも古くさいということではないんですね？」

博士「9・11も、きゅうてんいちいちでしょ。ゴレンジャーだってファイブレンジャーじゃないですよね」

梶原「先生、話を戻していいですか？　１ＬＤＫを『いちエルディーケー』と読むほうが『おしゃれ』という感覚も今後出てくるとおっしゃりたいんですか？」

博士「可能性は否定できません。言葉の揺れや変化は実に多様多彩なものです。ＬＤＫが完璧に助数詞になれば『いちエルにする？　にエルにする？』なんて表現で、夫婦が住宅購入を話し合う時代が来るかもしれませんね。ひょっとしてもう来ているかもしれませんよ、よく分かりませんが」

結局、どうして1LDKは「ワン」で、2LDKは「に」なのか、絶対的な正解は得られていない。それなら書くな、と怒らないで欲しい。ひっかかったことをあれこれ考えるのもまた楽しいのだから。

4　無礼な葬儀屋と親切な葬儀屋

母が亡くなったときの話である。享年八十八。晩年は認知症で、最後は要介護3まで進んだが、おかげで実家に足を運ぶ機会が増え、母と息子の久々に濃密な時間を持てたのは嬉しかった。最後は自宅で突然の心臓発作。夜八時頃、息を引き取ったとの知らせを姉から受けた。

救急車で運ばれた病院の霊安室で対面した母はまるで昼寝でもしているように安らかな表情だ。ただ、そこに二人の姉に加え警察官が四人もいたのには驚いた。自宅での突然死は「変死扱い」で、司法解剖のため遺体を、そこから何十キロも離れた検視官がいる病院まで移送するのだという。移送は警察や病院ではなく葬儀社の仕事だそうで、そこには黒い服を着たおじさんが二人神妙な顔つきでいた。

「この度はまことにご愁傷様で、さぞや……」

重々しく、仰々《ぎょうぎょう》しくお悔やみを口にしてくださる。一足先に病院に駆けつけた姉が慌てて調べ、地域で名の通った業者に電話するとすぐに来てくれたのだそうだが……。

「病院で検視のあと、私どもの葬祭場の霊安室に持ち帰りますが、いきなり冷え込んできましたから通夜・告別式はうちも会場の空き次第ですね。この時間、事務員がいませんからなんとも。火葬場も地元は難しいかもしれません。友引が○日ですんで、とりあえずうちのほうでドライアイスを多めに入れておきます。流れは、日勤の者から電話すると思いますが」

重々しいお悔やみに続いたのは、強引に自分のところが葬儀全般を引き受けることを前提にしつつも、できないことの数々の言い訳。その口ぶりに腹が立ってきた。こんな縁もゆかりもない業者にすべてお任せの葬儀なんかしてなるもんか！

反射的に次のような台詞が私の口を衝いて出た。

「検視のための移送はお任せします。しかし、葬儀はオタクにはお願いしない」

「え？　別の業者さんに変更するっていってもご遺体を別の車に積み替える作業がいるんですよ。そういう場所あるんですか？　ご遺体は、いわば裸ですから、うちできちんと着せてからでないと」

母の突然の死そのものは結構冷静に受け止めていたが、やはり気持ちは高ぶっていたのだろう。この業者のことばのイチイチが気に障った。「積み替える」「裸」「着せてから」……。

ずいぶん温かみのないことばを連発する人だ。態度は過剰なまで慇懃《いんぎん》だが腹の中は商売っ気しかない。怒りがこみ上げた。日々の介護にかまけ親の「いざという場合」の備えが甘かった私にも非がある。夜遅くにもかかわらず移送のため駆け付けてくれた業者には本来もっと感謝すべきだったろう。でも業者がベルトコンベアー式に葬儀を勝手に進めていくのは我慢がならなかった。

これと言って当てのない私はiPhoneで葬儀社を検索した。最初にヒットしたのがAという会社。0120から始まるフリーダイヤルに電話したら、ワンコールで係が出た。彼は、社名と個人名を冷静に落ち着いたトーンで名乗った。

こちらが事情をまくし立てるのをじっと聞いている。聞いている、というのが伝わってくる「空気」を出している。それは時折返してくる短い相槌《あいづち》のせいだ。そしてようやく彼の口から出たのはこの一言。

「では、少々こちらから伺ってもよろしいでしょうか？」

気がせいていて、所々記憶は曖昧だが、落ち着いた穏やかな調子。質問がすべて短く具体的だったことだけは印象に残っている。

「今、ご遺体は病室ですか？　霊安室ですか？」「お車はご出発になっていますか？　まだ病院ですか？」

「Aか？　Bか？」と答えやすい聞き方をしてくる。答えていくうちに、私の方が次第に落ち着いてくるから不思議だ。概《おおむ》ね話しきったところで一言。

「梶原様、ご安心ください。御母様をお迎えする場所が移送先病院のすぐ近くにございました。検視は明日お昼頃までには終了と警察が言っているんですね。私どもの車は午前十時までに病院にお迎えに上がることができます。葬儀場所等、その後にお送りする先はいつでもこの番号にお電話ください。どちらへでもお連れできます」

「まだ、そちらにお願いするか決めた訳じゃないんです。移送も含めて、家族で話し合って後で連絡しますがいいですか？」

「もちろんでございます」

とりあえず、スタンバイしてくれている葬儀社さんに検視する病院までをお願いし、その後についての詳しいことは後で連絡する旨《むね》を伝えると車は目的地に向かった。

姉たちと私で話し合う。

「こちらの条件を満たしてくれるならそのA社さんにすれば。喪主はあなたなんだから」

一応の方針が決まり再びA社に連絡。日程、会場、条件を告げるたび、素早く情報端末を触る気配のあと、

「はい、その日程で、ご案内できるご自宅に近い会場が二つございます。市の火葬場もお取りできます。ご心配いりません」

その後深夜に至るまで何度か電話とメールでやりとりするたび、安心が広がっていった。なんだかカウンセリングを受けているようなのだ。ささやかな家族葬のために、A社は東京から離れた両親の家に二度打ち合わせに訪れた。担当者は電話の人とは別だが、実に気の利く青年だ。笑顔がさわやかで、慇懃無礼なところがまるでない。なんだか親

族がひとり増えたような馴染みぶりだ。

結果的に参列者二十名にも満たない小さな葬儀は、海に近い家庭的な料亭を会場に行われた。我が家から車で十五分程の所。お花だけで作った祭壇。周囲には、母の手になる鎌倉彫やちぎり絵、短歌を短冊にしたものが飾られ、幼い頃からつい最近までの母の写真がパネルに焼かれ並んでいる。「へえ、こんな女学校時代のがあったんだ」と、みんなでそれらを肴《さかな》に思い出話に花を咲かせる。お坊さんもとてもわかりやすい良いお話をしてくださった。

母をしみじみ思い出すことができた。葬式というより、身内同士が穏やかに母を思い語る憩いの場であった。

さあ、前書きが長くなったが、本題はここから。『葬式は、要らない』(島田裕巳著)がベストセラーになるこの時代に、なぜこんな気持ちの良い葬儀になったのか? 母が天寿をまっとうしたということもあるが、A社の対応に負うところも大きい。

前述のように出会いはネットとフリーダイヤル。「ネットなんかで大事な葬儀を決めても良いの?」と思われるかもしれない。しかし、「ここにしよう!」と思ったのはなぜか? 電話に出た人、アフターケアのための訪問を含めると三度家に来てくれた人達、各人が「葬儀社」という「ソーシャルな役割」を果たしながら、人間として「パーソナルな関わり」を大事にしてくれたからだと思う。

葬儀から約一か月後。すべての精算、役所や銀行などでの諸手続を終えたところで、どうしてあういう接遇ができたのか話を聞いてみようと思いたち、お礼かたがた、東京の東端にあるA社までバイクを走らせた。

思いのほか、こぢんまりとした会社。電話対応以外の社員は出払っていて、相手をしてくれたのは社長本人であった。まだ若いその人は、学校卒業後友人とブライダル企業を共同経営していた。九年前にブライダル同様、人生必須のサービス産業としての「葬祭業」を起業したという。

葬儀後に、満足なお葬式だった、と感じる人はわずか二割だという。八割もの人が、二度と再びこの業者の世話にはなりたくない、と感じたという調査がある（東京都生活文化局「葬儀にかかわる費用等調査報告書」）。「そういう業界だからこそチャンスがある」と考えたという彼の発想は真っ当だと思う。

戒名や、お布施、心付け、祭壇の費用、飲食費等々、不明瞭なお金の問題や慇懃無礼な接客スタイルを解消しない限り、お客様の信頼を得ることはできない。信頼のない所に安らぎはない。

社長は何よりも「人の気持ちを感じとる技」を強調する。社員への口癖は「君が感じろ！」。話を聞いているうち、それは「カウンセリングマインド」に似た哲学だと感じた。社長はこう話す。

「葬式は普通、突然やってきますね。悲しみや、むなしさや、戸惑い、時には怒りという激しい感情がおそってきて当然です。悠然と受け止められる人のほうが少ないでしょう。そんな中、心の整理をする暇もなく葬式をとり行うのが一般的です。『気の進まない、不慣れな、できれば避けたい、しんどいイベント』を、混乱のさなか行わなければならない。

かつて葬儀社は『可もなく不可もなく。目立たぬように、粛々と』が一番だと言われたそうです。こまごました面倒、お手伝いはご近所さんがやってくれた。高度経済成長時代のサラリーマンなら親の葬儀まで総務部が取り仕切ってくれた。檀家であれば心のケアはお坊さんが引き受けた。

ところが現代。『無縁社会』とまでは言わないまでも、人間関係は確実に希薄化しました。葬儀社に求められるのは、単なる形ではない。ご遺族の方が少しでも混乱から立ち直り、故人の立派に生きた姿を改めて思い起こし、思い出を語り合い、悲しみの気持ちに整理をつける。そんなきっかけにすることだと思うんです」

これは島田裕巳さんも言っている。「故人が立派に生き抜いたことを素直に喜べたらいい。そんな葬式なら無用とは言えない」。社長の思いはこれに通じると感じた。そして、ここから具体的な「技」が語られる。サービス業に関わる方の参考になるはずだ。

「うちでは葬儀への入り口は電話です。電話の声、対応ひとつで、お客様の不安を少しでも軽減して差し上げたい。だから、すべての業務に精通したベテランを二十四時間体制で対応させています。フリーダイヤル以外の代表番号にもかかって来る場合があります。どちらにかかってきても全社員、必ずワンコールで電話に出る、がルールです。電話にすぐ出ることでも不安は少しだけ減る。それならその方が良い。

声のトーンも、冷静に、しかも温かく。これ、実は全社員、何度も練習しているんです。電話をかけてこられる方も様々です。最愛の人を事故で亡くす。お子さんを病気で亡くす。自死もある。取り乱す方だって当然いらっしゃる。

相手の心に『寄り添うように』、しかも、巻き込まれずに。

言葉で言うのは簡単ですが実際には何度もシミュレーションを行い、互いの経験を語り合い、スキルアップを図っているのが実情です」

　このような経験の蓄積、日頃の訓練から簡潔な質問技法が生まれたのだろう。改めて「あの時」私に応対した方の話しぶりを思い出した。

「今、ご遺体は病室ですか？　霊安室ですか？」「ご遺体のお帰り先はご自宅ですか？お寺さんですか？」「ご葬儀の日程についてご希望はありますか？」

　すべての質問が答えやすい形式（クローズドクエスチョン）だった。「今どんな状況なんでしょうか？」と漠然と聞かれても（オープンクエスチョン）、「いやー、どんなと言われても」と戸惑うだけだったろう。

　これについて社長はこう説明する。

「お客様からの質問も様々です。『お金はいくらかかる？』と心配なさる方には即座に見積もり書をメールやファクスでお送りすることもあります。『火葬だけでいいんだ』という方には『そういうケースももちろん承っております』と明確に答えます。『葬儀の流れを知りたい』『日程を』『場所を』等々、お客様は様々な不安を口になさいます。一つひとつ明確に答えていくうちに電話でも不安が弱まってくるのを感じることがあります」

このように、訓練された短いやりとりから、相手の悲しみ、混乱、怒り、様々な感情を汲み取る。そして事情を把握したところで「どうぞご安心下さい」と言われれば、心に響く。実際私も、そのことばで、すっと身体の緊張が抜けた。社長はこうも言う。

「電話で信頼関係を築いたら、お打ち合わせでお宅に伺うようにしています。その時に私が社員に禁じている言葉が『どんなふうなお式にしたいですか？』。結婚式じゃないんです。だれも、やりたくてやる人はいない。イメージもない人が多い。『どんなふうにしたいのか』は、打ち合わせで伺った時に、観察と会話から『君が感じ取れ！』と言っているんです」

インタビュー中、この「君が感じ取れ！　君が感じて来い」ということばが何度も出て来た。

「言葉で問わずとも、亡くなった方のお宅を訪問すればいろんなものが見えてくる。壁に掛かったカレンダーにゴミ出しの予定等がしっかり書かれていれば、きちんとした性格の人なんだな。町内会の表彰状などが掲げられていれば、地域に貢献されてきたんだな。書棚を拝見すれば、そこからも趣味が推察できる。

壁に掛かった絵に故人様のイニシャルを発見することもある。こういうことを話題にしてご趣味や、生前のお暮らしぶり、お人柄を伺う。遺影を一緒に探すのも大事なことなんです。アルバムを一緒に見る。アルバムは故人を知る宝の山ともいえますね。故人様の生きてこられた人生がそこここに記されている。家族との関わり方、どんな日常を過ごしてこられたのか、ご友人との人間関係、趣味や楽しみ。それを話題に遺族と会話する中から、喜んでいただける葬儀のイメージが広がってくるものです。

質問しても、スルーされることがある。その時、『ああ、ご家族はそのことについてはあまり興味がないのだな』と感じる。食いついてくる話題がある。『これは大事なんだな』と感じる。些細なやりとりから『君が感じ取れ！』というんです。観察し、感じながらお話を伺うと次第に、遺族の硬さも解けてくるものです。『話を聞いてくれてありがとう』『故人を振り返ることで、落ち着くことができた』と感謝されることもあります」

事前の打ち合わせそのものが既にグリーフワーク（喪失者へのケア）のひとつということだ。

「ご高齢で亡くなった場合は、ご家族の方から、若かった頃、元気に生きていた頃の思い出話が自然に出てくることが多いものです。しかし、自死、事故死、若くしての病死、という場合は、亡くなったこと、死亡の原因に焦点が集まりがちです。葬儀は『死んでしまったこと』に焦点を当てるより『生きてきたこと』の数々に焦点を当てることのほうに意味があると考えます」

「君が感じ取れ！」という社長の言葉。「感じてくれている人」に人は心を開く。母の小さな葬儀が、あんなふうに穏やかな会になった裏には「君が感じ取れ！」ということばがあったことを知った。葬儀社訪問で、私の悲しみはまた少し癒えた気がした。

5　ニュースは紋切り口調で一杯

ニュースにはひっかかる言葉が多い。

「与党は今回の支持率低下を深刻だとして、党員の引き締めに躍起です。菅総理はさらに厳しい政権の舵取りを迫られることになりそうで、今後の成り行きが注目されます」

（某テレビニュース）

「だとして」の「として」。日常会話ではまず聞くことはないがニュースには頻繁に登場する。「官邸では東アジアでの緊急事態の発生もあり得るとして」のようにしばしば使われる常套句。「として」ではなく、普通は「と受け止めて」ではないのか？

また、「政権の舵取り」という紋切り型表現も問題だ。海運業に従事するものが国民の何パーセントか知らないが、何かにつけて政治を一業種になぞらえるのはもうやめたらどうか？「成り行きが注目されます」などと他人事のように言わず、メディアがきっちり取材すればいいではないか。

「当分、目が離せませんね」という紋切り型もおなじみだ。しかし、それを口にしたアナウンサーやキャスターは、目が離せないと言った舌の根も乾かぬうちに、次に伝えるスポーツニュースの原稿に目を移しているじゃないか！

「現場の混乱が、事故の深刻さを物語っています」

混乱の原因は各局が狭い道路に競い合うように大型中継車を並べ、渋滞が起きていること。そしてテレビでニュースを知った人たちが続々集まってきて、携帯で友人に電話したり、カメラに向かってピースサインを繰り返したりしているせいだ。

深刻な混乱はメディアが起こしている場合が多い。

メディアの影響は個人に及ぶ。我々の日常会話がメディアのせいで「紋切り型」におかされてしまっているとすれば大問題だ。

これまでも多くの人が「警鐘を鳴らした」にもかかわらず、テレビのニュース番組には、いまだに紋切り型で陳腐な表現が「あふれかえって」いる。

ニュースはスピード勝負。表現を吟味している暇がないから、どうしてもマニュアルに当てはめた言い方が蔓延しやすい。その点は同情する。しかし、取材者や伝え手が、実際に感じたことを自分の言葉、自分の表現で伝えてくれたらもっと状況をリアルに感じ取れるのになあ、と残念に思ってしまう。

紋切り型を多用した会話は相手の心に響かない。以下、「頭が悪いと思われる紋切り型の口癖を排除するヒント」を述べていく。

常套句、紋切り型とは、説明するまでもなく「頻繁に耳にするお手軽でステレオタイプな物言い」のことをいう。逆に言うと、多くの人に馴染み、愛されている言葉とも言えなくもない。

紋切り型は、考えずに口を衝いて出てくる。手間暇いらずで便利な表現だ。しかしそのおかげで、手抜きと揶揄《やゆ》されることもあるし、考えていないとも受け止められる。連発すると、頭の悪い人、とか、感じの悪い人、と疎《うと》まれるので控えた方が賢明だ。

さてここからが本論だ。「紋切り型の口癖排除」実践編に進んでいただこう。すなわち、日常会話の中にみる「残念」な常套句、「言葉癖問題」に迫る。

たとえばこんな言い方をする人がいたとする。

「逆に言うと、日本がダメだってことなんですよ。変な話、要は限界。ある意味、それだけは言えている。ここだけの話、そういうことをはっきり直言する的な姿勢で臨んでいかないと、ある部分、先に進めないって形なんです」

短い中に、言葉癖が詰まっている。なかでも主役クラスを便宜上「言葉癖五兄弟」と呼ぶ。「逆に言うと」「変な話」「要は」「ある意味」「ここだけの話」。あなたの周りにも、連発する人がいるかもしれない。これらの癖のどこが問題なのか。

①「逆に言うと」　文字通り聞けば、その後の文脈は、反対の議論が展開されるはずなのに、その徴候はみられないことが多い。逆のことなど言っていないのだ。
例：「環境を守るためには一人ひとりの努力が必要ですよね。逆に言うと、気を抜けないっていうか」
②「変な話」　この前置きからよほど意外な話や怪奇な現象が語られるのかと思いきや、あまり変な事柄は登場せず、その後も実に真っ当なことが語られている。

例：「菅直人がトップって嫌だよな。変な話、そんな会社、居心地悪そうだもん」
③「要は」　それまでの話をうまく整理して、要約してくれるのかと期待するが、その気配は一向にない。話は逆に拡散するばかりだ。
例：「政治家も身を切るべきだが、一方で資金力のない政治家を支援する仕組みも必要だという指摘もあります。要は私たちがどんな政治を求めるかなんですよ。いや、要は日本をどうするかなんです」
④「ある意味」　その裏に、どんな意味が隠されているのか、含みがあるのか、興味津々で聞いてみても、その意味は語られない。
例：「増税しても消費が抑えられると結果的に税収は増えないかもしれない。ある意味、そこが問題だよね」
⑤「ここだけの話」　これがここだけであることはまず無い。「ここだけ」と言いながら、あちこちで語られるのが普通だ。文字通りに受け取って、こちらもその気になって、大事な秘密を打ち明けたりすると大変なことになるので要注意だ。
例：「ここだけの話、あのキャスターはカツラなんだよ」

「的」「ある部分」「形」も、特段の意味を持たないことが多い。ストレートない い方を避け、相手を傷つけないよう配慮した「曖昧化」を目的に使われている？　と言うより、実は、これも言葉癖にすぎない。言葉癖三姉妹と名付けよう。

もちろんどうしてもこういう言葉を話し言葉の中で使ってしまうことがある。全部撲滅しようとしたら、かえってまた別の問題が生じるとは思う。しかしあまりに自覚がないのはやはり「いかがなものか」。「今後の推移を注意深く見守りつつ、じっくり考えてみたいところです」（常套句で締めてみました）。

6　しつこいセールス撃退法

妻の友人が深刻な病気で入院していた時期の話である。帰宅すると妻が夕食の支度をしながら深刻な顔をして電話で話をしている。重篤な状態にでもなったのだろうか。心配して、電話を終えた妻に「どうだった」と聞いてみると、

「え？　電話？　生命保険の契約内容の変更しませんかって、ほら朝もかけてきた人」

「はあ？　友達の件じゃないの？　よかった！」

「彼女は大丈夫。今のは、ほらあの保険の女の人。すごく熱心で話に切れ目がないから切るに切れなかったの」

「あの」というのは、その女性にはこの日の朝も奇襲攻撃にさらされていたからだ。熱心というか、強引で厚かましく威圧的。妻が閉口したような声を出しながら顔で「ヘルプ・ミー」のサインを出したため、私が代わったのだった。朝っぱらからよくもまあ、こんなに元気にまくし立てることができるものだと感心するほどパワフルにまくし立てる。

どの分野でも優秀なセールスパーソンは人の話を聞き出すのが上手だが、この人は一方的にマニュアルを押しつける。要するに言いたいのは、「既に加入しているお宅の保険を新しいタイプにすると得だ。詳しいことを説明したいからそちらにぜひ伺いたい、すぐにも行きたい」ということ。

私もこういう相手だと分かればそれなりの「断る技術」を見せないわけにはいかない。朝の時点では、こんなやり取りで撃退していた。

「いいですか？　よーく、お聞きくださいね。今後、我が家に来ていただくことはもちろん、あなたからの電話も一切かけないようお願いします。ファクスかメールなら一度だけいただきましょうか。

　今回の提案が当方にどれだけメリットをもたらすのか。そのために支払額がいくら増えるのか。私が気に入って購入した以前の商品にはどんな欠陥があって、今回何をどう改良したのか。パンフレットではなく、あなたご自身の手で、Ａ４用紙一枚にお書きください。字の大きさは十六ポイントで新旧両方がいっぺんに見えるよう簡潔にお願いします。ここまでお分かりですか？」

「ハイ？　はい……」

「ところで、我が家と御社の二十年以上にわたる契約履歴は当然お調べですよね。調べていれば先ほどの紙に二〜三行で内容記述を加える。調べていなければ即座に調べて報告の詳細を添付する。よろしいですか？　了解いただけたら『はい』と、どうぞ！」

「あ、はい……」

　それで彼女は黙った。あれだけ仕事熱心なら、ファクス番号やメールアドレスを聞いてきてもよさそうなものなのに、それきり電話を切った。普通の神経なら、こんなやっかいな家に二度と電話などかけてこないはずなのだが……。

　そこで私は彼女と再戦を決心。こちらから電話をかけたのである。

「今朝方お話をした梶原です。あなたは人の話が聞けないらしいからここからはクイズ形式で行きますね。質問です！　きちんと答えてください。一般的に専業主婦が一番忙しい時間は何時から何時？」

「えーと、夕方六時から七時ぐらい？」

「質問してるのはこっちだから疑問形で答えないでくださいね。正解です！　その主婦が一番忙しい時間に、あなたは我が家に何をしましたか？」

「電話ですかね？」

「正解！　それはどのくらいの長さだったでしょう？」

「二、三十分？」

「ピンポーン。じゃあ、電話で長話されたこちらの気持はどうだったでしょう？」

「迷惑？」

「その通り！　しかもうちは現在、父は認知症で、友人は病気という状態。電話がかかる度、どきっとするんです。これはあなたに関係ないかもしれないけど。そこで問題！朝、私はあなたに何と言ったでしょう？」

「何？　何でしたっけ？」

「忘れた？　ありゃー。では、正解を。電話は二度としない。説明はファクスかメールでと、この二点。言われてみれば思い出した？　イエスか、ノーで、どうぞ！」

「イエス」

押しの強さはすっかり消えていた。一刻も早く意地悪オヤジから逃れたがっているのが手に取るように分かる。彼女は運が悪い。私だって、客にこんな目にあわされたらブチ切れるだろう。

実は私も、自分の意地の悪さに呆れはじめていた。妻も「もう、よしなさいよ」と私から受話器を奪う恰好をしている。「俺って奴はなんで大人になれないんだろう」と反省したところで、もう何十年も前のある夏の光景が浮かんできた。

大学一年の時。新聞にあった「短期間で高収入、夢のアルバイト」という惹句《じゃっく》に引かれ、百科事典を飛び込みで売るアルバイトに申し込んだことがあった。

「私はこの仕事のコミッションで月収百万円を超え、大学なんかばかばかしくなってやめた。今ではこんな家に住んで、そして車はほらこのベンツ！」

写真を得意そうに見せる、インチキ臭い奴の成功談を聞かされた。あげく、セールストークマニュアルとセールスキットの入った一万円以上（当時としてはものすごく高価だ）もするアタッシェケースを買わされた。

「手始めに」といって横浜は保土ヶ谷の団地の一軒一軒を片っ端から売りに歩くよう命じられた。冷静に考えれば、初任給数万円の時代、二十万円以上もする百科事典が素人に売れるわけがない。そもそもインチキ臭い学生がドアを叩いたって開けてくれない。十件目ぐらいでようやくドアが開いた。

「おうボウズ上がれ、俺に売りつけてみろ」

だいぶ、いい気分で酔っぱらっているその方に、拙《つたな》い売り込みをかけたらいきなり怒鳴られた。

「お前、なめてんのか！　おれは百万円もする車を月に五台、十台売ってるセールスのプロだ。お前に聞く！　セールスに必要な三つのS知ってるか？　言ってみろ！」

イヤ～な絡みに、もじもじしていると、そこの奥さんが助け船を出してくれた。

「あんた、酔っぱらってみっともないよ。学生さん相手に」

私をかばいながら彼女はこう言った。

「ごめんなさいね、自分の成績が思うように伸びないからあなたにあたっているのよ。あなたは確かにセールスには向いていないかもしれない。でも説明してるときの声、とても魅力的よ。百科事典売りは無理だと思うけど、その声は大事にすることね。あんな酔っぱらい、無視してお帰りなさい」

早々にお宅を退散しながら、そこの奥さんが大船観音のように思えた。「どうしてアナウンサーになったんですか?」と聞かれることがあるが、今にして思えばこの奥さんの助け船の一言がそのきっかけのひとつだったのかもしれない。

考えてみればよい体験だ。ただし絡んできたオヤジさんの印象はその後もただの嫌みなオヤジのままだ。

「ああ、あの教訓は生きていなかったなあ。あのセールスレディーさんは一生、嫌なじじいに変な絡み方をされたものだと、恨み続けるんだろうなあ」

あの時の奥さんならこう言っていたはずだ。

「場の空気を読む力には欠けていたけど、あなたのエネルギッシュで熱心な根性は、保険に限らず、いつかどっかで生きるはずよ」

大船観音さまのような広い心で。六十歳にもなって、まだまだ修行が足りないなあと、またまた反省させられたのである。

７　上から目線

ブログとユーストリームを始めた。ブログのほうは一般的になったが、後者はまだそうでもないのでご説明しておくと、ネットで個人的に放送できるテレビ番組のようなものだと思っていただきたい。と偉そうに書いているが、私自身ひどいＩＴ音痴。若い仲間がきっちりサポートしてくれている。彼らがまず私に釘を刺すように口にした言葉は次のようなことだった。

「『上目線』で言ったり書いたりしたら、そっぽを向かれますよ。それでなくても、いい年した人は『教えてあげる』的な態度になりがちです。でも、それは最悪。『一緒に考えましょう』または『教えてください』という謙虚な態度が基本ですからね」

初回の「放送」を配信したところ、本題に入る前の私の説明段階で既に「声うるせー！」「偉そう」「態度デケー」というリスナーの声が画面上を次々に走った（そういう仕組みになっている）。既存のメディアだって「上目線」の態度やコメントは嫌われるが、これほど瞬時には指摘されない。若い連中が忠告してくれた意味がよく分かった。

ネットやメディアに限らず、職場でも、仲間内の会話でも「あいつは上目線だ」「偉そうに上目線でものを言う」といった声をよく聞く。

「上目線な会話」「上目線な態度」が何故こんなにも嫌われるのか。その前にそもそも「上目線」の「目線」って、一体何なのか？　「目線」がこんなに一般的に使われるようになったのは、実はそんなに古くない。

「目線」はもともと「演劇・テレビの世界の専門用語」とみられていた。そういえば言葉に厳格な先輩はかつて若かった私にこう教えてくれた。

「素人さんに『カメラ目線でお願いします』と言うのは俗で下品な表現だ。『視線をカメラに向けてください！』というのが正しいのです。『お茶ください』の代わりに『大将、あがり一丁！』なんてお寿司屋さんで通ぶる愚かな客がいますね？　あれと同じです」

そう話してくれた先輩の苦々しげな顔が忘れられない。その後遺症か、私は今でも「目線」という言葉を口にするとき、若干のためらいを感じる。とはいうものの、ケータイやスマートフォンを含め、日本国民の大多数がデジタルカメラを持ち歩く今日、「目線こっち、こっち！」という表現は、街じゅうにあふれている。

「視線をこちらのレンズに向けてくださいね」は、古い写真館ぐらいでしか聞くことができないだろう。「目線」は「カメラ目線」や前述の「上目線」だけでなく、「男目線」「女目線」「客目線」のように使用範囲も増殖している気配だ。

ＮＨＫ放送文化研究所が『三省堂国語辞典』での「目線」の変遷を検証している。それによると一九七四年に出た第二版の「目線」の項には「（演劇・テレビなどで）視線」としか記述がない。この時点では、目線は単なる業界用語との認識だ。

これに一九九二年の第四版で新たな意味が加わった。「公開された写真などに、写された人がだれであるかはっきりわからないようにするため、目の部分に引く太い線」。要は容疑者などの目を被う黒い線のことである。

一般の人がごく普通に「上目線」とか「男目線」「女目線」「客目線」と、「目線」を「見方」という意味で使い始めたのは比較的新しい。同辞典では二〇〇一年第五版でようやく「ものの見方、とらえ方」の意味が加わった。同研究所の二〇〇八年の調査によれば、「庶民の目線で考える」という表現について「おかしい」と感じる人はわずか十二％。「おかしくない」と答えた人が七十二％に達している。

そこから今日に至るまでほぼ同じような傾向が続いていると見るのが自然だ。したがって、現在「目線」は「ものの見方」として認識されている。

かなり寄り道したけれども、「上目線」の「目線」は「ものの見方」にあたる。「上目線」をもっとわかりやすく言えば「上から目線」で、「上から下を見下ろすようなものの見方」ということになる。敬語文化が発達している我が国の言葉、日本語は、どちらを上に、どちらを下に待遇するかについて敏感だ。もともと「上目線」の持つ傲岸不遜を嫌う気風は古くからあった。

それがネットという双方向メディアの発達で、瞬時に「発言」や「振る舞い」についての「評判」が人々の間を駆け巡る時代になり「上目線過敏性症候群」が広まったように思う。

では、評判の悪い「上目線」を避けるにはどうしたらいいのか？　多くの人が「上目線」の汚名を着せられないよう、知恵を絞っている。どんな対策が有効か？

敬語を正しく使えばいいとは限らない。「上目線になる敬語表現」はいくらでもある。下手に使うと嫌味にもなるのが敬語だ。

また、本当に立場が上だからといって、気を使わずにしゃべるとやはり「上目線」と捉えられてしまう。たとえば上司の次のような物言い。

「なんだ、そんなことぐらいできなくてどうする。俺の新人の頃はなあ……」

こんな言い方をすればかなりの確率で人望を失う。

では私達が「上目線」と縁を切るにはどうしたらいいのか？

ポイントは「疑問形」の多用だ。相手の求める言葉を「疑問形」で聞き出す。そうすると上にあげた「上目線」ケースは以下のようなコメントになるはずだ。

「俺に答えられることならいつでも聞いてくれよな、って、それほどのもんじゃないけどさ。今、何かしんどい？」

「上目線の最大の防止法」は「共感的な態度で質問すること」に尽きると思う。私の放送はそのせいで今のところ、こんな表現が多い。

「～と今、私は感じてますが、ちょっと違うなあという意見の人、ツイートしてくださいね。来た！　ああ、こういう考えもあるよね！　なるほど。うーん。え、それと違うツイートも来た？　どれどれ？　わかるなあ。よし。じゃあこれについては多数決採っちゃう？」

同じ討論番組でもかつての地上波のスタイルとは少々趣を変えている。我ながら「自分の立ち位置がいい加減すぎるんじゃないか？」という疑問はあるが、若いスタッフには評判がいいようだ。「司会者が仕切る」というより「ファシリテーター（進行役）として回す」役割を演じることで今のところ「上目線」を何とか免れているのだろう。でも、そんなふうに言うとまた「やっぱり上目線」と言われるのかもしれない。ああややこしい。

8 敬語が出来ない政治家って

思わぬことで有名になった二人の政治家がいた。

一人は民主党の松本龍・元復興担当大臣。被災地に出向いて「知恵を出さないやつは助けない」等の放言を連発した挙句に辞任に追い込まれた。もう一人は皆さんお忘れかもしれないが、知事公舎に女性を連れ込んでいたことがバレて謝罪した大澤正明群馬県知事。二人とも還暦過ぎた、長いキャリアを誇る政治家である。

ここで私が論じたいのは彼らの問題行動や発言の内容ではない。世間はまるで関心を示さなかったけれども、彼らの「敬語の問題」が気になってしかたがないのだ。

まず松本復興担当大臣辞任の記者会見。冒頭、総理に辞意を伝え了承された報告と関係者への謝罪のことばをごく短く述べた後、こんな言葉を口にした。

「いちばんお世話になったのは妻と子供達でありまして、改めて感謝を申し上げたいと思います」

なんだろう、これは。放言は躁病の影響だったとも言われているし、そうなのかもしれない。しかし、ことばを商売道具とする政治家において、こんな敬語の誤用はどうもいただけない。

大臣の敬語の何がどういけなかったかをもう少し具体的に記す。日本語における敬語のイロハは、ウチとソトの使い分けだ。

インタビューを受けた若いタレントが「ウチのお母さんは」と口にしたら、大人、特に口やかましい中高年は「身内に尊称を付けてどうする。『母は』と言え！」と怒りに震え、新聞に「最近の若いタレントはけしからん」と投書するかもしれない。

韓国語のように、身内でも他人でも、目上は目上として尊称を使い、敬語表現を用いる「絶対敬語」の国とちがい、我が国は、ウチ・ソトでの使い分けが、敬語の胆だ。「ウチのお母様がおっしゃっていました」は、「絶対敬語」の国では正解だが、相手方との関係により変化させる「相対敬語」の日本では間違い。父母、祖父母、自社の社長、上司に至るまで、身内に尊称は使わないし、高める表現は用いない。

「ウチの愚妻が言っておりました」「出来の悪い亭主がとんでもないことをしでかしまして」「手前どもの社長が少々突飛なことを申しておりました」などという、あえて貶《おとし》める表現を使うことさえある。これが「相対敬語」の「日本式」だ。これを知らない人は、一般的に世間では「常識知らず」と馬鹿にされる。

一般的に、と曖昧に言ったのは、一口に日本と言っても広い。中には「無敬語地域」も存在するからだ。そういう場所では、あえて「法則的な言葉の敬語」ではなく、ニュアンスや態度で互いの位置取りをする優れた技を中心にコミュニケーションが成立している。

しかし、大臣という「公的存在」が「公的な場面」で不用意で不適切な敬語を使用することは、好ましいとは言えない。妻子への敬意を口にされてすっきりしないのは当然のことだ。

松本氏は悪人ではないのかもしれない。アホな自分を支えてくれた家族は尊敬に値すると考えて、素直に謝意を表明したかったのだろう。

しかしそれをその言い方で述べるのならば、家の中でやればいい。どうしても電波で言いたい、新聞に書いて欲しいと言うのなら、せめてこう言えばよかったのだ。

「個人的な話を持ち出して申し訳無いが、愚かな私の行為で、被災地の皆さんのみならず、我が家の妻や子にも情けない思いをさせました。いや、もちろんそんなことより被災地の皆さん、関係者の皆さんを傷つける発言で本当にご迷惑をおかけしました。改めておわびします。申し訳ありません（涙）」

もう一方の群馬県知事も似たような間違いを犯している。「奥さんはなんと言っているか」という質問に対して、

「誤解を招く事は許し難いと痛烈にお叱りを受けました」

と答えたのだ。「お叱りを受ける」は謙譲を表す敬語表現で、自らを低めることで、「ウチ」である妻を高めている。今後の家庭内の平和を考えれば、公器を使ってでも妻を持ち上げておきたい気持ちは分からないでもないが、これも一般常識としてはおかしい。普通の感覚の持ち主ならば、「妻を持ち上げるのは家でやれ」と思う。

もっとも、ウチとソトの区別がつかないような人だからこそ、県民共通の財産を私的な愉しみに使うことができたのかもしれない。

さて、この二人の六十代は「いい年をして常識のない人」なのか。必ずしもそうも言えないようなのだ。「今の若い者はまともに敬語もしゃべれない」と嘆く大人は少なく

ないが、文化庁の「平成十八年度国語に関する世論調査」によれば、六十歳以上の「敬語の使い方への関心」は、他のあらゆる世代よりも低い。

実は、文化庁の長年の調査で繰り返し指摘されているのは、若者の日本語への関心が高いのに比べ、六十歳以上は驚くほど低いということだ。原因には触れていないが、察するところ、敬語を使うべき対象や場面を失っていることも影響しているのではないか。自分よりも目上が少ない。年上と接する機会が少ない。仮に少々間違っても誰かが注意するわけではない。

平成二十一年度調査では、年配者の別の傾向も見てとれる。「読めない字があったときに、どのような手段で調べるか」という問いに、十代から四十代までは携帯電話の漢字変換でという答えが一番多く、二十代、三十代になるとネット上の辞書で、という答えが増えている。また、年と共に本の形になっている辞書を引くとの答えが増えていく。と、ここまではわかりやすい話。では六十歳以上はどうか。

答えは「調べない」が四十五%とダントツ。

もちろん、日本語に愛情を持ち、常に好奇心と向上心を持つ六十歳以上も多いことだろう。本書の読者はそういう人だとも思う。しかし、敬語に関心はなく、ことばを辞書で調べることもしないという人も結構な割合でいる。

そう考えると、いい年をした政治家が会見という重要な場面で、トンデモない発言をすることも合点がいく。だからって同情する気はまったくありませんが。

9 「常套句」に逃げ込む人たち

スポーツキャスターや旅番組のレポーターとしておなじみの舞の海秀平さん。「平成の牛若丸」「技のデパート」と言われ、自分の三倍も容積のありそうな小錦、曙など巨漢力士を翻弄し小兵ながら小結までつとめた彼の「転職」は入門十年目だった。

一九九九年十一月場所。勝てば十両に残れるが、負ければ無給の幕下。「この一番にかける」と思った取り組みに負けた瞬間、引退を決意したという。

三十一歳。妻も子供もいる。いちばんいいのは親方として相撲の世界に残ることだ。そうすれば年収一千万円以上は保証される。ところがその権利を手にするには当時二億円ともいわれた年寄株を手にしなければならない。舞の海さんは転職を決意した。

しかし知名度こそ高かったものの、「解説者」としては若すぎるし、相撲界で過ごした時間も長くはない。そこで当初は、テレビで解説者ではなくレポーターのような役回りをすることになった。野球中継における「ベンチレポート」のような仕事だ。

不慣れな放送現場で、とちったり言葉を失ったりしながらも、懸命に努力し続ける誠実な人柄がスタッフにも視聴者にも好感を持たれ、今の人気につながっている。

「最初の四年間ぐらいは、相撲の技術的なことについては語れても、相撲界そのものについては怖くて話すことができなかったですね。たぶん共産主義の国からいきなり資本主義の国に移り住んだ、そう、ちょっとたとえは悪いけど脱北者みたいな心境かも知れません。何か元の組織について語ると怖い関係者に通報される。そんなおかしなプレッシャーを勝手に感じていたかもしれません」

こういう「言葉にできない時期」の体験が役に立った。今の舞の海さんは相撲の世界を最も冷静に客観的に、かつ雄弁に語れる元力士のお一人だと思う。

「何が厄介かといって、相撲界は自分たちのことがわかっていない。わかりやすいのは力士インタビューです。勝因を尋ねると『自分の相撲が取れました』。翌日への意気込みを聞いても『自分の相撲を取るだけです』としか答えない。大半の力士がそうですね」

近年、相撲界は八百長や賭博など不祥事が連続して危機的な状況にある。こんな時に、舞の海さんが協会関係者に「今後どうするのか」と聞いた際にも、多くの人は判で押したように「自分たちの相撲を取っていくだけです」と答えていたという。

「確かに僕も現役時代にはそう答えていました。しかし実のところ、自分の相撲、自分たちの相撲が何なのか、明確に理解して答えていた訳ではありませんでした。今の力士たちや協会はどうでしょうか？

僕はこんな妄想をすることがあります。アナウンサーが『自分の相撲って、具体的にどんな相撲ですか？』って食い下がるんですね。言われた力士は不意をつかれ、答えに窮して沈黙する。アナウンサーはにっこり微笑み『いつまででも待ちますから、自分の相撲の中身を詳細に、これを聞いている人がわかるようにご説明くださいね』と迫るんです。これ面白いことになりますよ」

舞の海さんは特に名前を挙げなかったが、この話を聞いて私の頭に浮かんだアナウンサーがいる。NHKの刈屋富士雄アナウンサーだ。二〇〇四年のアテネオリンピック体操男子団体で、「伸身の新月面の描く放物線は、栄光への架け橋だ」という名実況をした人、といえばおわかりだろうか。この刈屋アナウンサーが不祥事発覚後の相撲界について、ラジオでこんな話をしていたのである（以下は概要）。

「そもそも料金が土日平日で同じなのはおかしい。枡席《ますせき》も昔のままのひどく狭いスペースを改良しようともしない。そこに四人座って、飲んで食べてくつろぐなんて体の大きい現代人には無理がある。

客のことを考えたら、今時あり得ないことだ。そもそもお客様により楽しんでいただく配慮がない。プロ野球でもサッカーでも、会場には巨大画面のプロジェクターがあり遠くのお客様にも細かいところが見える工夫をしているではないか。

取り組みを臨機応変に変更し、千秋楽結びの一番は最も興味深い取り組みにすべき。そういう細かい顧客ニーズに応えようと声を上げない相撲協会は問題だ」

刈屋アナの手厳しい声は鎮まらない。

「八百長事件の時も世間の声（メディアの騒ぎたて）に流され精査しないで、基準を明確にしないまま処分を行った。事なかれ主義が力士たちのモチベーションを下げた。このままだと、相撲協会は分裂するかもしれない。自分たちの声を相撲ファンにも世間にもわかりやすい言葉で具体的にはっきりと出すべきだ」

舞の海さんも刈屋アナも、心ある人は「自分の相撲を取るだけです」的発言にいらついている。常套句を使うことで、思考停止になっているからだ。これは他人事ではない。

長らく同じ業界に身を置くと、独特の「業界用語」でわかったようなことを口にするのはよくあることだ。

サッカー中継で実況アナが試合の見通しを聞いたときに、「日本のサッカーができれば勝てます」と答える解説者。野球中継で「さあここはどう攻めますか」という問いに「気持ちですね、気持ち」と答える解説者。

いずれも決まり文句で「それなりのことを言っているつもり」に本人はなっているけれど、何も言っていないに等しい。視聴者からは「この人、いつもこういう抽象論しかいわないいんだよな」と思われているに違いない。もっとも、そういうツッコミをテレビの前で入れている人だって、立場が変われば同じ過ちを犯しているかもしれない。「クライアントの反応がいまいちなんですが」という悩みを聞いて、「足だよ、足。足で稼ぐんだ。頭で考えるな」などと言っているかもしれない。

もちろん、こういう上司は部下の信頼を得られない。「ああ、また言ってるよ、このオヤジ」と思われるのが関の山だ。

最後に、あまり意識されていないことが多いけれども、実は聞き手をいらつかせる、もっとたちの悪い表現を記しておく。

顧客「君が『ああいいですねえ』と言ってくれた例の話、その後どうなったの？」

担当「上の者が時間をかけて検討するようにと、申しておりますので」

「上の者」とは「弊社の上位にある者」という意味で、謙譲表現である。ビジネスマナー本でも「断るときに便利」と推奨しているケースがある。組織において、上下のラインを大事にしながら事業を進めることは当然だ。しかし、この言葉、言われる側にむかつかれることがある。

「上がどうのじゃなくて、あなたはどう思っているんだ？　あなたは何をどうしたのか？　どうしたいのか？　どうできるのか？　あなたのことを聞いているんだ！」

「上の者」を持ち出して、責任逃れをしているのではないかという印象を与えてしまうのだ。特に、経営者、自営業者等、一匹狼として奮闘しているタイプに「上の者が」という言い草は嫌われる。使い勝手のいい「上の者が」を口にする前に「相手を配慮した自分の意見、自分の視点」をきっちり表明する必要がある。

そうしないと、相撲協会以上に信頼を失うことになるかもしれない。

場面にあわせた多様な表現を心がけない者は誤解され、蔑まれる。「自分の相撲を取ります」と業界専門用語を発する前に「自分たちはどういう体制で、どんな相撲をお客様に披露するのか？」を業界外の人にわかる言葉で説明する。そのためには、具体的な対策に思いを巡らせなければならない。

「上の者が」という「サラリーマンの常套句」を言う前に、苦しいけれど「私は」から始まる個別具体的な会話を目指さないと、信頼は得られない。これらはいずれも、自分が相手の立場だったらどう感じるだろうなあという想像力があるかないかに関わる。

三十一歳で相撲界を引退。徒手空拳。口下手で社交会話の苦手だった舞の海さんが四十代半ばの現在まで優れた話し手として活躍している秘密はこの辺にある。

10　私が見た「最悪の講演」

「講演女王」と呼ばれる大谷由里子さんと居酒屋で愉快に一杯やったことがある。大谷さんは元吉本興業社員で、横山やすしさん等のマネジャーをつとめた。その経験を活かして現在は講演や執筆を精力的に行っており、講演・研修回数は年間三百回にものぼる。

「若い頃にマネジャーとして横山やすしさん、宮川大助・花子さんたち多くの芸人さんを身近に見てきました。個性は様々ですが、みんな『お客さんに向かってしゃべる』ことに命がけで取り組んでいた点では一緒です。今の若い芸人さんも同じですね。どんなアドリブにも、基本には日頃の細かい観察、こまめに書き込んだネタ帳、練りに練った台本。これがあるのが当然です。バラエティーで無茶ぶりされても瞬時にきっちり笑いで返せるように、四六時中頭を働かせている。それでも受けなかったときは、声をかけるのがはばかられるぐらいひどく落ち込む。人前でしゃべるのは、ほんとしんどいもんだなあと感じます」

笑顔がチャーミングで、頭が良くて、ユーモア精神にあふれ、人の話をしっかり聞いてくれる、とても素敵な女性だ。「講演女王」との会話は大いに盛り上がった。

大谷さんは吉本を寿退社して数年後、講演ビジネスという世界と巡り合った。当時いろいろなセミナーや講演会を聞いて回り驚愕したという。

「えー⁉　こんなんでお金もろてるの⁉　お客さん怒らへんの？　それより、こんなしょぼい話して、自己嫌悪に陥らんの？」

現在は後進の指導にあたるハードな日々を過ごしている。その原動力は「台本も作らず、リハーサルもせず、上から目線で一時間少々話して何万円も稼ぐ人が生息できる世界（もちろんそうでない立派な人もたくさんいらっしゃる）」に対する怒りなのではないかと推察する。

というのも、私も時間を見つけてはいろいろな方の講演を聴きに行くほうだが、実感として勝率は六割程度。四割は「時間が無駄だったなあ」と後悔する内容なのだ。その四割の中でも極めつけの講演が今でも忘れられない。

私の友人が某地であるＮＰＯ法人を束ねる仕事をしている。ある日、「町おこしイベントをやるから、遊びにこないか」と誘いを受けた。夏休みがてら、久々に顔を見に出かけて行った。出し物の一つに「大学生の就活セミナー」があった。夏休みに若い人を集める定番だそうだ。大学で講義を持つ身としては大変興味がある。プログラムの講師紹介を見ると「いくつもの企業で人事部長として腕をふるった経験を生かし、現在は就活指導のプロとして全国からセミナーや講演に引っぱりだこ」とある。

「就活のプロ」と言えば、「伝説の人事部長」の異名を取る小宮謙一さんとお話ししたことがある。就活を入り口に、どういう生き方が人を幸せにするか、豊富な具体例とともに披露してくださった「就活にも人生にも役立つ話」には感銘を受けた。その話と比較したからという訳ではない。問題の講演はお粗末の一言だった。

もちろん、その講演者を個人攻撃しようとするつもりはない。あくまで「人前でこのような話し方をすれば、主催者やお客さんの怒りを買いますよ」という、一般的な「教訓」になればと思えるような要素が満載だったからこそ、ここに列挙するものだ。内容はご本人を特定できないように工夫させていただいた。あくまで、教訓を得るための事例としてご容赦いただきたい。

講演の内容に従って、順に説明していこう。まずは話のつかみから。地元の女性から「栄光のプロフィール」を読み上げられ登場した講師。仮にAさんとしておこう。

就活服に身を包み、緊張した大学生百人余が期待のまなざしを送る中、大きなメモ用紙を手に持って、演台に進み無言でお辞儀……と、「ゴツーン！」という音が会場に響き渡った。お辞儀をする時マイクに頭をぶつけてしまったのだ。

「けがはなかったか？　大丈夫か？」と主催者も、学生も心配で静まり返った。

Aさんの第一声。

「これカズ（三浦知良か？）がやると大受けなんだけど、受けなかったなあ。まあいいです。えーと、いっぱい話したいことがあるんですけど、うーん（演台においたメモを読みながら）、じゃあ、えっとお……」

そう、彼は「ボケ」としてマイクに頭をぶつけたのだ。しかし、これはある程度そういうキャラクターの人だと受け手が認知していてこそ成り立つギャグ。真面目な講演の前振りとしては成立するはずもない。スーパースターのつかみを真似て受けようとしても、すべる可能性のほうが大きい。

さて会場の目線を避けるようにアイコンタクトもないまま、演者はホワイトボードに向かう。学生たちにはお尻を向けて、メモを見ながら丸い円を二つ書き、さらにそこに細かい字を書きこみはじめた。

もちろん、パワーポイントだらけのプレゼンよりも直筆のホワイトボードの方が訴える力があると言えなくもない。しかし、あまりに長い間お尻を聴衆に向けたまま、メモを引き写すのは論外だ。聴衆とのアイコンタクトを忘れてはいけない。

ようやく話が始まった。

「就職するには、地元と、都会があります。みんな都会で就職したがるけど、地元の方が良い。僕がいた会社は社員が○万人いて、同期は△百人もいた。僕は東京出身だからそのまま地元でうまくいったけど、田舎から出て来た人はうまくいかないのが多かったなあ」

昔の話はやめたほうがいいし、自慢話と上から目線はタブーである。

Aさんは「ハイ次」と言いながら、ホワイトボードの文字をもたもた消し、別の円を二つ書き始めた。

「公と民。中間が三セクね。公は公務員。英語で言うとパブリックサーバントって言うの。奴隷だよね。えーと（演台の時計に目をやる）えー、今日は、いっぱいあるんだけどね、ここ（メモ）にいっぱい書いてきたんだけど、時間、あ、もうこんなか（聴衆にではなく自分に問いかけている）、じゃ急ぎますね」

あらかじめ時間配分しておくべきだし、何が本論か核が見えないのも問題だ。

「勝負は面接。面接は見た目だね。就活の本には相手の目を見ろとか書いてあるけど、鼻の頭かネクタイを見れば良いんです」

これは内容が間違い。相手との距離その他、様々な要素があるので、どこを見ればいいかは、そんな一言では片付けられないのだ。五メートルも離れているならネクタイかもしれないが、それ以内でネクタイを見ると、相手は落ち着かない。アイコンタクトはやはり目が大事。視線を外したいなら相槌を打ったり、深くうなずいたりすれば自然にできる。

冷めた会場の空気とは無縁にAさんは話し続ける。

「面接で資格についてきかれるけど、これからは国際化だからＴＯＥＩＣとっとくといいね。楽天さんとかユニクロさんとかは、今年だったっけ？　来年かな？　英語になっちゃうんだよね、会議なんかが」

いまさら新鮮味のない話題を語られても聞く方は時間の無駄。しかも裏付けのない話は説得力に欠ける。紹介するなら「何年何月」と明確に述べなくてはいけない。

「よく質問されるのは、第二志望から内定をもらった後で第一志望の会社から内定が来たらどうしたらいいかなんだけど、行きたいほうに行けばいいんだよね。内定蹴っても法律違反じゃないから」

ここはＡさんの独自性が感じられた。本音を伝える「勇気」は買う。しかし聴衆の中に、普段は企業の採用担当として働くボランティアスタッフだっているかもしれないと想像を巡らしたほうがいいと思った。

何が言いたいのか見えぬうちに、予定時間を過ぎてしまったが、Ａさんはなぜか話し続ける。

「えーと、なんだっけなあ。そうそう、大事なこと言いたいんだった。もう少ししゃべるね」

「時間を守る」は最低限のマナー。舞台裏のスタッフは大慌てだった。あまりの内容に呆れた私は、友人やスタッフの人に「あの人、誰が呼んだの」と聞いてしまった。友人によると「東京の講師派遣会社かなあ」とのこと。スタッフの一人は「私は五分で寝られました。あの単調な話し方、不眠症には良いですよ」との感想。

Aさんは十五分ほど時間をオーバーしたあげく、しっかり自分の本を宣伝してご機嫌で退場した。振り返ってみると、講演の反面教師としてはかなりの腕前だったとは思う。

11 「名詞＋です」問題を考える

「赤ちゃん誕生です！」

「ＮＨＫニュース７」のエンディング。政治経済の話題、事件や事故等、淡々とニュースを読み続けても、番組終了一分ほど前になると、武田真一アナウンサーは必ず表情を一変させる。

「ここ○○動物園ではカバの赤ちゃんが生まれ、今日から公開されました」

それまでよりもかなり明るいトーンで伝えた後に、ひときわ元気な声で「ではまた！」。

このように武田アナの締め方は、一瞬「何のこと？」と思ってしまう見出しをつけた微笑ましい話題をごく短く伝えた後に、お別れの挨拶というパターンが多い。このワンパターンが私は嫌いではない。「名詞＋です」という「謎掛け」のあと、のんびりした脱力感一杯の映像が出てくると心が和む。

ところがこの手法、時と場合によっては問題になるらしい。当のＮＨＫの放送用語委員会で議題となっていたのだ。ＮＨＫの研究機関である放送文化研究所が発行している「放送研究と調査」二〇一二年二月号に掲載された議論を紹介してみよう。

委員は雑誌「広告批評」元編集長の天野祐吉さん、テレビドラマの脚本家として知られる井上由美子さん、作家の清水義範さん、方言研究で知られる井上史雄さん、早稲田大学名誉教授の野村雅昭さん等、言葉に一家言ありそうな、そうそうたるメンバーが名を連ねていらっしゃる。ここで問題になっていたのは「ＮＨＫニュース７」のエンディングではなく、ニュースや情報番組の中に頻出する「名詞＋です」表現。

例えば「○○大臣辞任です」「○○の現場に密着です」「エース復活です」等々。え、それの何がおかしいの？　という人は、以下の委員の意見を聞いて欲しい。清水さんは、「『エースが復活です』ではなく、『エースが復活しました』と言えばいいのに、と思う」「(伝える側が)短く表現したほうが、『ニュースの知的な感じがする』と勘違いしているのではないか」という見解を述べている。

井上史雄さんは「『現場に密着します』の『します』が省略されて見出しになり、そこに『です』をつけるために違和感がある」「(『発覚です』というのではなく)『発覚しました』など、動詞に置き換えるべき」という意見。

一方で、肯定的な意見もあった。野村さんは、「『エース復活です』『大阪維新の会、圧勝です』などはそれほどおかしく感じない」とおっしゃる。

井上由美子さんは、「違和感はあるものの、(仕事柄)テロップに慣れているのでしかたがないかなと感じる」とおっしゃる。なるべく少ない文字数にすることが求められるテロップでは、この手法は有効なのだろう。そしてテレビの仕事が多い井上さんが、とりあえずの容認派なのもよくわかる。

私の考えを述べる前に、この委員会で議論されていたもう一つの問題も紹介してみたい。「ニュースや情報番組でのことばの省略」というテーマで、次のような省略について話し合っているのだ。「原則として」というところを「原則」、「結果として」を「結果」、「最悪の場合」を「最悪」のように「として」や「の場合」などを削って、漢字二文字を「副詞的」に使用するという手法である。よく耳にするが、これらも清水さん言うところの「いかにも知的なニュースっぽさをだそうとしている」匂いがする。

「給与削減は原則として三年」と言うべき所を「給与削減は原則、三年」。

「膨大な投資は結果として失敗」と言うべき所を「膨大な投資は結果、失敗」。

「最悪の場合、倒産」と言うべき所を「最悪、倒産」。

言葉を節約したところで、時間はさほど変わらないが、「分かりやすさ」や「暖かみ」はまるで違ってくる。井上由美子さんは、漢語を副詞的に使う「言葉の省略表現」については批判的だ。若い人たちが使う「私、正直～なんですよね」の「正直」という「副詞的」な使用法に疑問を投げかけている。

「無駄な時間をできるだけ削り簡潔に」とはよくいわれるが、結果として分かりやすさや暖かみが失われるとしたら、本末転倒だ。それでも「知的」っぽく思われるのならばいいだろうが、おそらく大した効果はない。

「名詞＋です」にしても、「漢字の副詞的な使用」にしても、メリットがないわけではないけれども、日常で使う癖がつくのは避けたほうがいいのではないか。最悪、「冷たい」「感じ悪い」と思われる可能性もある。正直、そう思う（あえて使ってみましたが印象はどうですか）。

12 「間が悪い」東電幹部

先日某テレビ番組に東京電力幹部が登場した。家庭向けの電気料金値上げの説明が目的だ。値上げ率は使用電力量によって異なりややこしい。

「事故を起こしたあげく尻拭いをユーザーに押し付けるのはどうなんだ！」

こんな厳しい批判がある中、国民の理解を得ようと生出演する人は相当なプレッシャーであっただろう。責任ある立場の人がメディアに出て直接説明する姿勢そのものは評価されていいかもしれない。

キャスター「そもそもどうして料金値上げを三段階に分けたのか？　その分かりにくさについて詳しく教えて下さい」

カメラが、律儀そうな表情をした幹部のアップに切り替わる。すると東電幹部はキャスターの質問を遮るように神妙な顔で切り出した。

「その前に、発電所の事故で多大なご迷惑をおかけした皆様方に心からお詫び申し上げますとともに、大変恐縮、いやご面倒、いえ、なんとも申し訳ございませんでした」何度も頭を下げ、言いよどみながらも、言葉を選びながら必死に謝罪する姿。「そもその原因は東電が……」という事の本質はおいて、その方の話し振りから真摯《しんし》な気持ちが伝わった気がした、と思ったとたんだ。

彼は、謝罪の言葉を終えた直後、いきなり（○・○○○五秒ぐらいの間はあったか？）謝罪者から営業マンに変身。問題の値上げと料金プランについて、立て板に水でしゃべり続けたのである。

これには「御見事！」ではなく、唖然。

我々視聴者の頭の中から、しおらしく丁重に謝罪している幹部の残像が消えさる暇を与える事無く、目の前のおじさんは、まるで金融商品を説明する証券マンのような雄弁さでまくしたてていく。

私も呆然としたが、スタジオの出演者達も言葉を失って、しばらくは口を差し挟めない様子だった。十秒ほどたったころだろうか、我に返ったキャスターが「ちょっとちょっと、待って下さい。このフリップの一番左側に書いてある料金設定が一番安いパターンですが……」と強引に割って入り、「営業マン」の流れるようなセールストークにストップをかけた。止めに入らなければ、おそらく何十回、何百回と練習をしたのだろう、各地で実践もして来たはずの「料金値上げについての完璧なプレゼンを実施済み」という既成事実だけ残してスタジオを後にできたかもしれない。

ひょっとしたら、これまでもそうやって「難局」をくぐり抜けてきた可能性がある。そういう「巧みさ」が感じられた。「テレビだってそれでＯＫ」とでも思ったのだろうか。

しかしこの日はそれが通用しなかった。プロの司会者なら視聴者の代弁者であるとの役割を担っているから、説明側の都合を優先させるわけにはいかない。

待ったをかけられた幹部は、せっかくの快調なリズムを乱されたためか、その後はしどろもどろになっていく。

話し手の都合だけからいけば、立て板に水のほうが楽だ。練習すれば何とかなる。でも、それは聞き手の生理をまったく無視している。「え、どうして?」「その言葉が難しいんですが」といった質問とそれに対する回答、といった応酬があるからこそ、我々は理解できるのだ。「流れるような説明」は聞かされる側の理解を困難にさせる。従って、聞き手を煙に巻きたい時には「流暢な説明」が有効だとも言える。

「自分は訥弁《とつべん》で説明べたで」と言う人の話し方のほうが聞き手の心に届いて、聞き手の心ばかりか態度を変える事がしばしばある。訥弁だ、話しべただ、と言う人は、期せずして上手な「間」を作って、聞き手に「考える間」を与えている場合があるからだ。

東電幹部を例にとると、冒頭の「謝罪」部分は、重苦しい表情、何度もつまずく話し方から、自然な間が生まれ、聞き手からすれば、話し手の心情を推し量る余裕が生まれる。「それなりの誠意」と受け取った人だっていたかもしれない。

ところが、謝罪を終えて「ホッとしたから」なのか、戦略的なのか、次の「説明」に移る所で、一切の「間」を排除して、いきなり手慣れた流暢な説明を息つくまもなく展開してしまった。

件《くだん》の東電幹部がもっとしたたかな人なら、冒頭の謝罪が終わった所で「大変申し訳ありませんでした」と頭を下げ続けていた事だろう。

スタジオの司会者だってそのままほうっておく訳にもいかない。

「まあ、頭を上げて下さい。早速ですが、その料金の説明をお願いできますか」、このように場面転換を促す事だろう。そんな状況を見た視聴者の中には「料金値上げより本当は謝罪したいのだ」と思ってくれる人もいたかもしれない。

少なくとも、「予定に無い謝罪を切り出した」ということで、ほんの少しだけ「好感度がアップ」した（？）幹部が、謝罪後一秒でも間をとり、次の本題へと切り替えていれば、印象はだいぶ違っていたはずだ。

その先、口にする内容は視聴者にとっては理解しづらい複雑なシステムである。共感を持って迎えられる話ではない。でも彼はそれを伝えに来た。それだけに「謝罪」モードを続けながら、上手に次へ話を進める「間」が必要だった。

たとえば謝罪の後、間をおいて「ここからは現実的なお願いをさせていただきますが、よろしいでしょうか？」と改めて視聴者に語りかける。それだけで印象はまったく変わったのだが……。

よく「話し方本」に「間が大事です」と書いてあるが、じゃあ、「間」って、ほんとうの所、何？という問いへの答えが書いていないものが大半だ。そこで「間」とは何かを、はっきりさせておこう。小学館『日本国語大辞典』では「邦楽・舞踊・演劇で、音と音、動作と動作の間の休止の時間的長短をいう」とある。

私流に説明するとこうだ。しゃべりの段落が、次に移るときに息を吸う。そういうときにいやでも「間」が空く。これを、文章の句読点のように、会話でも話を分かりやすくするため意図的にいれる。この「切れ目」を「間」という。この言葉、このフレーズを「立たせたい、強調したい」という時、その前後におくのが「間」だ。

「間」は話題転換の場面でも不可欠。「ぺらぺら」話して「話の中身も薄っぺら」に聞こえる原因は「間」の欠如である場合が多い。「間」を作り出すためにはお腹に力を入れ、瞬間的に呼吸を止めると「切れのいい間」が生まれる。

「君は間が悪いやつだ」「間が抜けてるぞ」「話し方が間延びしている」「間がつかめない」

日常生活でも、頻繁に耳にするのが「間」だ。とりわけ表現する立場なら、「間」に配慮しないのは致命傷だ。

東電幹部が気の毒だったのは、番組が生放送だったということだ。もし録画であれば、優秀な編集マンが、「謝罪部分」と「新料金説明部分」に自然な「間」を〇・五秒程度挿入した事だろう。そのために別のカメラで撮った映像を切り取って、付け加えることもしただろう（意地悪なスタッフでないかぎり）。「間」が無ければ、知りたい情報が視聴者に伝わらない事をテレビマンなら熟知しているからだ。

一時間番組のためにスタジオ収録で二時間カメラを回した時、粗編集（大ざっぱな第一段階の編集）を済ませた後が編集マンの腕の見せ所だ。特にバラエティーでは発言者の面白さを生かすため、「落ち」の前後の「間」をどう作ればより面白さが伝わるのか、〇・一秒単位での編集作業を行っている。

「とにかく決められた時間に収まればいい」という編集をしたら、番組はめちゃくちゃになる。「この人のこの場面での『間』はこの長さ」「受ける側の『間』はこれくらい」──こういう作業に何十時間もかけているのだ。同じ話でも「間を的確に作り出した作品」と「適当につなげた作品」では雲泥の差が出る。

これはラジオも同じ。「長回し」（長時間、録音を回しっぱなしにすること）から、どこをつまみ出し、どこにつなげるか。「とにかく、面白い所だけつなぐ」という若いAD君と、「自然な、その人らしさの出る『間』を生かすため、『無音』のところを収録部分のどこからか探し出して加える」というベテランでは、まるで違う番組となる。

長い年月にわたり、聞かれ続けている録音番組でしゃべる人気アーチストはそういう、自分の自然な間を敏感に編集で残せるスタッフを決して手放さない。

だが、生放送では、しゃべり手自身が「間」を意識しながら話す事が求められる。

「コンテンツも、しゃべりもマアマアだと思ったんだけど、受けなかったなあ」

とお嘆きの方は、「間」について、見直してほしい。

東電幹部はとてもいいサンプルを我々に与えてくれた。

第2章　脱帽する日本語

1　池上彰さんの説明はなぜわかりやすいのか

この数年、テレビ業界でもっともモテているおじさんと言えば間違いなく池上彰さんだ。お笑い芸人や、アイドル、ベテラン俳優など、かつての池上さんとはあまり接点のなかった、当代の人気者を生徒に見立て、知りたいけどややこしいニュースを分かりやすく説明して、見る側の目からウロコをボロボロ落としてくれる。

「中東情勢」「国際金融」「司法制度」等々、民放がゴールデンタイムで扱うことは、およそ考えられなかったネタを俎上《そじょう》にあげ、しかも確実に二ケタの視聴率をとっている。

これは、ここ数年のテレビ業界では特筆すべき「ビッグニュース」と言っていい。たとえば「そうだったのか！　池上彰の学べるニュース」（テレビ朝日系）は、「十秒に一回笑わせてくれないとチャンネルを変える、こらえ性のない人が見る時間帯」とも揶揄されるゴールデンタイムに、ひたすら講義するだけという構成だ。こんな地味なニュースで視聴率なんか取れないという業界の常識に挑戦状をたたきつけ、大勝利を収めているのである。

そんな挑戦的な番組を成立させているのが、池上彰さんという類《たぐい》まれな「説明の天才」だ。ビジネスパーソンは彼のバラエティーでの話しぶりから、商談のコツ、プレゼンのスキルを学ぶべきであると思い、彼の「語り口」を以下に分析してみる。

参考教材は、同番組のスペシャルの一部「そうだったのか！　北朝鮮の核開発」（放送を見ながら、ノートに走り書きしたものをベースにフィクションを交えて、池上さんの「説明のスタイル」の凄さをよりリアルに伝えることに重きを置いたので、以下の再現は発言そのままの再録ではないことはご承知いただきたい）。

池上さんの説明の三大特徴は、①直接話法の多用、②擬人化、③受講生に質問させる技、である。北朝鮮が世界中から「やめろ！」と言われながらも、なぜ「核開発」を続けるのかについての池上さんの説明はこんな感じだ。

池上「北朝鮮はこんな風に心配したんです。『アメリカは強いなあ。もし今度アメリカと戦争ということになったらやられてしまうかもしれないなあ』。一方で、アメリカは『北朝鮮がもう一度韓国に攻め込んできたら大変だ。じゃあ韓国を守ってあげるために核爆弾を韓国国内に置いておこう』と考えました。

するとと北朝鮮は『韓国にある核兵器が怖くてしかたがないよー』と不安を感じたんですね。そこで『よし、うちだって、自分のところで核兵器を開発すればいいんだ！』と決心することになったんです」

北朝鮮やアメリカといった国家を擬人化したうえで、彼らの思考を台詞にして直接話法でしゃべっているのがおわかりだろう。もう少し授業の様子を見てみよう。

池上「ソ連は『では北朝鮮に発電所をプレゼントする代わりに、核開発をしていませんよ、ということをチェックするためＩＡＥＡ（国際原子力機関）という、核開発をしないように監視する組織に加盟してもらいましょう。北朝鮮の皆さんもいいですね』と提案。

すると北朝鮮は『分かりました。その代わり、もっとたくさん発電所をプレゼントしてください。それに、発電所が出来るまでの間のつなぎに、皆さんから重油をいただけませんか？　皆さんの言うことを守りますから』と条件を出してきたんですね」
生徒「そんな都合のいい話にみんな乗るんですか？」
池上「いい質問ですねぇ。それが、乗ったんです。ソ連はもちろんアメリカも、そして日本も。日本は当時、一千億円分の重油をプレゼントしてるんですね」

池上さんの特徴的なフレーズとされる「いい質問ですねぇ」が飛び出すのも、生徒が質問しやすい流れを作っているから。そのために池上さんは、生徒たちの個人的な情報（趣味や近況）も仕入れたうえで、その種のことも「突っ込みのネタ」として使う。家電製品に詳しい芸人が核の遠心分離機を電気掃除機になぞらえれば、「さすが家電芸人！」と返してみたりするという調子だ。こうして生徒たち（と視聴者）は、話にどんどんのめり込むことになる。
池上さんは、NHK時代の「週刊こどもニュース」で、ニュースを仕事にする人間が当たり前に話していることも、立場が変わるとちんぷんかんぷんであることを学んできたという。いや、ニュースの現場の人間だって、実のところ分かっているようで分かっていないことが多い、という事実にも気がついたそうだ。

「書類送検」とか「公的資金の投入」とか普段何気なく使っている言葉を、子供にどう伝えるか。「海上自衛隊と、海上保安庁の違いって何?」「官房って何?」など思わぬことを次々と尋ねてくる子供を相手に悪戦苦闘したあげく、子供にも、お年寄りにも理解される伝えるスキルが、池上さんのなかで開発されていったというわけだ。

当然、このスキルは非常に汎用性が高い(いや、つい格好をつけて「汎用性」なんて言葉を使ってしまったが、こういう言い方も池上さんならば、「こういうやり方は、本当にいろんな場面で使えるんですね」とやさしく言ってくれるだろう)。

例えば、新しいカーナビシステムがあるとしよう。年に何回か遠出するぐらいの、車の運転が苦手で、機械にも弱い中高年にはぴったりな製品のようなのだが、これを、ショウルームのイケメンセールスマンに立て板に水で説明されると、おじさんやおばさんはちんぷんかんぷんになる恐れがある。

「カーナビはお使いですか?　ケータイ電話はご利用ですか?　それなら、こちらは十分簡単にご利用になれます」と言われてその気になって聞き始めると、やはり途中からついて行けなくなる、という事態は十分にあり得ることだ。

「すべてのドライバーの皆様にテレマックスを！　というコンセプトのもと、新しいネットワークドライブを提案しておりますのが、こちらの○○システムなんです。特徴は四つのオンデマンドとセーフティー&セキュリティー。オンデマンドですから、お望みの、カスタムメイドのカーナビとしてどなたにでも使いこなしていただけると、大変好評をいただいております」

セールスマンは相当かみ砕いて親切に話しているつもりだろうが、我々中高年は「テレマックス」とか「ネットワークドライブ」「オンデマンド」という横文字が入っただけでも混乱してしまう。池上さんなら、これを子供やおじいちゃんにも分かるよう、例の「直接話法」「擬人化」「相手を巻き込むための質問技法」を駆使して、「こどもニュース風」に「簡単化」してしまうことだろう。

「カーナビというのは『行きたい場所の名前を入れてくれれば地図と声で最後まで案内しますよー』という機械ですよね。でも、これまでのだと『あれ、ここ、新しい道が出来て、カーナビの示す地図と違って困ったなあ』なんていうことはありませんでしたか？

この新しいカーナビは『あれっ？　と思ったら画面の中のボタンを押して下さいね。

そうしたら、道路工事の終わった、一番新しい地図を画面に出して、そちらで誘導しますよー』と言ってくれるんです。とっても賢い道案内をしてくれるんですね。

『でも、そのボタンの押し方なんかも、どこを押せばいいのか迷ったりするんですよ』って思う人はいませんか?」

「ええ、実は私、そういうタイプなんですよー!」

「そういう方、結構多いですよね。そういう場合はオペレーターサービス、と書いてあるところをそのまま『えい!』と押すと直接、人が出てくるんです。『はい、なんでも聞いてくださいね、道が混んで困っているんですか? では私が別の空いた道を声と地図でお知らせします。はい、出ましたよ、これからは別の新しい、空いた道を案内しますから、安心してそちらを進んでくださいねー』

こんな風に親切に教えてくれるんです。

車を離れているときでも『あれ、鍵締めたかな、電気つけっぱなしかな?』なんて不安になることってありませんか?」

「ああ、ある、ある! ありますよー!」

「そうですよね。そういうときも車が『大丈夫ですよ、しまってますよー』とか、『いま、鍵のチェックに係の人呼んでますよー』と教えてくれるんです。

カーナビも、ここまで進んだんですね」

世の中に「本当は知りたいけど、難解だから避けて通っている話」は結構あるものだ。ところが、その道の専門家になればなるほど、専門家以外の一般の人が「何が分かり、何が分からないのか」が分からなくなるものだ。

新入社員に「なんだ、そんなことまで分からないのか！」と怒鳴りつける前に、「なるほど、この説明で君が分からないということは、お客様にはご理解いただけないものなんだなあ」と、接客のヒントをもらったことを感謝する気持ちを持ったうえで、それをどうしたら、より分かりやすく加工できるのか工夫する心が大事だと思う。

2　池上彰さんとサンデル教授の共通点

もう少し池上彰さんのすごさを考えてみる。「いい質問ですねぇ」については前項でも触れたが、二〇一〇年には新語・流行語大賞の候補にもなった。池上さんが「いい質問ですねぇ」を使うのは、生徒役の芸人さんやタレントさんが思いもよらぬ「素朴な疑問」を聞いて来た時だ。分かりやすい説明で卓越した才能を発揮する池上さん。しかし、時に説明に熱が入って「専門的な解説」に陥ることだってある。

「このくらいはみんな知っているんじゃないか」と思ってしまうことがあるかもしれない。そういうペースで進めたら池上さんの番組らしくなくなってしまう。生徒役の土田晃之さんや劇団ひとりさんのように、頭のいい芸人さんはそのストッパー役としてとても重要な存在なのだ。

視聴者目線という番組意図を汲み取ったうえで、時に一見「とんちんかん」に見える質問、だれも気にしないでスルーされそうな質問を「ぽん」と投げかける。その時、池上さんはにっこりうれしそうに笑って「いい質問ですねぇ」を枕詞に、子供でもわかるようなレベルで解説を加えてくれる。このやり取りがあるから、番組はより深くなっていくのだ。池上さんの「にっこり」は、生徒への感謝の笑顔だ。

ところが、我々はこれまでの人生で「質問するとろくなことがない」という刷り込みがなされている。「ねえ、赤ちゃんはどこから生まれてきたの?」と子供が聞けば、「そんなことどうでも良いから早く寝なさい」と親は返す。「俺ら、なんで毎日同じこと暗記しなくちゃいけないの?」と中学生が聞けば「ぐずぐず言わない！　いまは受験のことだけ考えろ」と先生は答える。

今時はこんな冷たいやり取りばかりではないのだろうが、一昔前は目上への質問それ自体が、礼を失するものだという空気があった。

「いい質問ですねぇ」と、池上さんみたいに嬉しそうな顔をして、アイドルや芸人に、本論とは関係ないところから話し始め、最後にはものごとを理解するうえで非常に有用な話をしてくれる人は少なかったように思う。一瞬的外れに思われる質問にも、興味を示して話を聞いてくれる。そのうえ「いい質問ですねぇ」の「ねぎらいの言葉」まで投げかけてくれるんだから、若い連中はうれしい。だから恐れずまた質問する。

本来、質問は興味があるからこそ出るのだし、それ以外に「あなたと仲よくなりたい」「あなたをリスペクトしている」という感情の発露でもある。質問された人間は、頼りにされ、尊敬されているのだから、喜ぶべきところだ。

しかし、これまでの日本の伝統では、質問には完璧に答えなければ馬鹿にされる、権威が落ちる、というマイナス面にばかり目がいっていたからか、目上への質問はあまり奨励されてこなかった。

有料のセミナーや、とびっきりやる気満々の学生の集まる大学の講義は知らないが、一般的な講演会や学校の授業で、受講者側から活発な質問が出て時間がなくなり困った、という話はあまり聞かない。

質問するには相当の覚悟がいるようだ。〝ようだ〟というのは、私はどこでもガンガン質問してへっちゃらな性質だからだ。くだらないことも恥ずかしいこともドンドン聞く。でも、人と違ったこと、目立ったことの嫌いな、日本的「奥ゆかしさの伝統」、さらに「的外れなことを聞いて馬鹿にされるのは恥ずかしい」という「恥の文化」が今に引き継がれていると実感する。

ＮＨＫで放映されたハーバード大学サンデル教授の「白熱教室」では「正義とは」「自由とは」なんていう難しい議論に学生がドンドン手を挙げ自説を述べ、サンデル教授に遠慮なく質問をぶつける。教授はこんな風に答える。

「君の名前は？　アンドリューか。アンドリュー、君の質問だけどね……」

毎回、質問に答える前に必ずこんな言葉を口にする。これが池上さんの「いい質問ですねぇ」にあたる。質問者への敬意を表わす意味で名前を繰り返し口にし、しかも最後まで質問者が何人増えても全員の名前を忘れない。池上さん同様に「質問者へのリスペクト」「質問内容への真剣な関わり」を大事にしている。

私たちもそろそろ、目上の人への質問について「警戒」を解いていいのではないか。上司や先生は、目下の者の質問を気軽に、真正面から受け止め、そこから議論を始める習慣をつけたほうがいい。部下や生徒達との「発展的交わり」を積極的に取り込むのだ。部下から何か質問があったら、池上さんやサンデル教授を見習って、何はともあれ受け止める態度を我々も生かしていきたい。同時に、「質問上手」であるように心がけていくべきだろう。

実際に、そんな態度は仕事でも有効だ。「質問上手」の一例として知り合いのフリーのブックデザイナーの話をしてみよう。立場としては、出版社からみれば単なる出入り業者。立場は常に出版社が上で彼が下。彼は編集者から多種多様な注文を受ける。当然ややこしい案件も多い。

「思わず客が手を伸ばす親しみの湧く感じ。とにかく他の本に埋没しないのがいい。だからといって、あまり奇抜なのもねえ……。その辺りよろしく。売れるかどうか表紙次第だから」

嫌なプレッシャーをかけつつ、おおざっぱな注文を出してきた編集者。発注主にはこういう人が多いものだ。

こういう、わかったようでわからない抽象的な事を言う人物に限って、サンプルを描き上げて「こんなのでどうです？」と見せると大抵ボロクソに言ってくる。そもそもイメージを言葉だけで共有するというのは難しい。そこで現在、彼はその手間を省くために、担当者の所にパソコンはもちろん様々な素材と大きさの紙、筆記用具等々を持参して、こう質問するのだそうだ。

「本はどの大きさですかね？　こちらですか？　色の感じは、このようなピンク系もありますし、暖色だとこんな感じになりますが？　書体も何種類か選んでみましたが、ご覧になりますか？　全体のパターンもたたき台としてお持ちしています。どういう方向がいいのか、ご教示いただきながら最良のものを作っていきたいと思いますが、いかがでしょうか？」

このように「教えを請う」質問形式で作り上げることで、相手の無用なクレームを防ぐのだと言う。質問されるほうだって、「出入り業者」が「プレゼン」をしに来ているのではない。「相談」「ご教示」「アドバイス」を頂戴したいという姿勢だから気分がいい。

実際に、彼によると「こうしたほうがいい」「専門的見地から言えば……」とやっていた時代より仕事はずっとスムーズになったそうだ。それでもなかには、さんざん言いたい放題言ったあとにこんなことを口にするクライアントもいるらしい。

「おれはこれで行きたいと思っている。でもね、実は、最終的には編集長が決めちゃうんだよねえ。これがセンスが悪くてさあ」

なんだ。この編集者にデザイン決定の権限はないのだ。それなら最初にそう言えよ。でも、ここで腹を立てたら出入り業者に勝ち目はない。彼は辛抱強くこう答えると言う。

「では今いただいたご意見をなるべく生かしながら、編集長に気に入っていただけるものを一緒に考えていきませんか？」

この時点から、彼は編集者のコンサルタント的役割を演じることになる。

決めるのは編集長だが、仕事を発注するのは目の前の編集者。編集者も編集長もクライアントとして大事だ。両者を把握するにはやはり「質問」が決め手になる。

質問をくり返したからこそ、編集者自身はただ業者に威張りちらしたいだけの人だということ、権限は編集長が持っていること等、相手の社内事情もはっきり見えてくる。

社内事情に通じれば、その後の仕事発注量は増えていく。

「ご指摘いただけますか？」「一緒に考えていただけますか？」「これなんかどうでしょ

うか?」

編集長が、喜んで答えるようになれば、彼のデザインが採用される確率はぐんと高まる。

そもそも人は「話したがり」なのだ。「質問してくる」ということは、自分の意見を聞きたがっているイコール自分をリスペクトしているということ。そんな感覚で、質問されて悪い気はしないと思う人が少なくない。池上さんの授業から学べるのは、時事的な知識だけではなく、人間関係において大切なことなのだと思う。

3 日本一のインタビュアーの裏技

吉田豪さんをご存知だろうか。数多くの雑誌連載を抱える人気ライターで、「日本一のインタビュアー」と紹介されることが多い。では、どこが日本一なのか。

豪さんが興味を持って取材する相手は、必ずしも世間一般で「魅力的な取材対象」と受け止められていない人物であることが多い。この場合の「魅力的」とは、大物政治家、高名な作家、旬《しゅん》のアイドル、人気スポーツ選手等々といったところだろうか。簡単に言えば「ＡＥＲＡ」の表紙に出てきそうな人だ。

しかし、豪さんの本に登場する人の多くはそうではない。有名人がいないわけではないし、素晴らしい実績を持つ人も多いので、何とも表現しづらいのだけれど、ちょっと匂いが違うのだ。たとえば『新・人間コク宝』という本の目次を開くと、梅宮辰夫、木村一八、月亭可朝、ジェリー藤尾、蛭子《えびす》能収《よしかず》、ミッキー安川といった名前が目に入る。繰り返しておくが、皆さん素晴らしい経歴の持ち主である。ただ、現時点で「ＡＥＲＡ」の表紙に出たり、「情熱大陸」で取り上げられたりする人とは別のテイストを持っていらっしゃるというのは、おわかりいただけるのではないかと思う。

豪さんは、こういう人たちから、べらぼうに面白いエピソードをどんどん聞きだす。「えっ、そんなことまで喋っていいの」というエピソードが次々本人の口から飛び出す。ここが「日本一」たるゆえんだ。

実は「旬の人」のインタビューというのは、旬でない人より情報が集まりやすく、楽だ。もちろん相手が大物で口が重い場合などは、苦労もするのだが、相手も取材で同じ様な質問を受け続けているから、答えもそれなりにきちっと決まったものが出てくる。

そもそもインタビューが実現した時点で、目標のかなりの部分は達成されたこととして扱われることが多い。

だから、たとえば「あなたにとって仕事とは何ですか」というような漠然とした質問に対して、「……（沈黙三十秒）人生、ですかね……」といったこれまた漠然とした答が返ってきた様をそのまま書いても、編集部も読者も納得してくれる。

ところが、豪さんの対象は、そうではない。仮に私が取材対象となったとして、読者は「梶原のことなんか詳しく知りたくないよな」という人が大半であろう。そういう人に面白がってもらうには、話の面白さそのもののクオリティが求められる。知りたくないよ、と言う人でも、もしも私が「実は昔、若さゆえに人を殺《あや》めたことがありましてね」と告白を始めたら、「ん？」と興味を持ってくれるはずだ。しかし、このクオリティを達成するハードルはかなり高い。そんな話を初対面の人間に簡単に喋るはずがないからだ（念のため申し上げておきますが、人を殺したことはありません）。

ところが、豪さんはインタビューにおいて、常に相手から秘話を引き出す。軽々とハードルをクリアしているのだ。それが「日本一」たるゆえんである。

では、どうしたらそんな芸当をやってのけることができるのか。豪さんに取材をしてみたところ、五つの裏技を教えてくれた。

裏技その1　事前取材で「好き」になっておく

豪さんは、取材対象者に会う前に、徹底的にその人物について調べる。著名人である場合は、著作のすべて、その人物に関する新聞・雑誌・ネット上の記事、ブログ、ツイッターに至るまで試験前日の徹夜の一夜漬けのように、大事な部分は書き取りながら、読み込みまくる。

どこまで調べたら、納得するのか聞いてみると、こんな答えだった。

「その人について、自分が好きになれるポイントを見つけ、自分にとっての好奇心のアンテナがピピッと反応するまでです。どの角度から見ればこの人のことが『好きだ！面白い』になるのかを探す作業が完了した時点で納得です。睡眠時間一日一～二時間に削って調べれば自分にとって『ここはおもしれーなあ、好きだなあ』というところが一つや二つ大抵見つかるもの。

従って、取材対象者に直接会う時は、その人のある部分がとても『好き』な、好奇心一杯な自分になっているわけです。自分のことが心から好きなインタビュアーには本音を語りたくなるものです」

裏技その2　綿密な事前取材により、初対面の一発勝負で関係性を築いてしまう

アイドルや元アイドルを取材するのでも、事前の徹底取材は欠かさない。

バラエティー番組なんかに出ている時は元気一杯な子が、ブログでは、時折「逃げたくなる時ってある？」「何か、人間て人を信じすぎるとつらい目に遭うよね」とか「死ぬって、どんな感じかな」などと書くことがある。「ええっ！　この脳天気キャラの子が、こんなことを！」という「無防備な」コメントが混じっていたりするのを、豪さんは見逃さない。本人著（ということになっている）「アイドル本」から見えてくる、当人さえ忘れているほほえましいエピソードもいくつか頭に叩き込んでインタビューに臨む。

「えー、何でそこまで私のこと知ってるんですか!?」

初対面の軽い雑談で、瞬時にして取材者とアイドルという境界線が取り払われる。金髪をライオンのタテガミのようにしたルックスの豪さんが、誰よりも自分のことを本音で理解してくれそうな好人物に見えてくる。話の途中でも「ああ、それ中学の球技大会で突き指した時のことだよね」なんて、相手の話に、さりげなくかぶせる言葉が「何で

ここまで知ってくれているの！」という感動を生む。感動が信頼へと変わり、最終的には、インタビューは、人生相談からカウンセリングのようになっていく。

「僕のインタビューは、相手の良いところを徹底的に探して、そこを肯定していく作業です」

これは、まさにカウンセリングだ！

多くのアイドルは、様々な矛盾を抱え、多少なりとも精神的なダメージを受けている。事務所からアイドルとしての振る舞いを強いられ、ファンからは、「俺だけの○○でいてくれ」と切望される。華やかな世界に見えるが、生存競争が激しく人間関係が複雑で、若い子が乗り切るには厳しすぎる環境。心を病むのは今も昔も、構造的なものだと豪さんは見る。そういう若者たちにとって、豪さんのインタビューは治療的な効果を発揮することすらあるのだ。

裏技その3　ヒット&アウェー

瞬時に「よい関係性」を構築した豪さんは、それを、その場限りと決めている。すなわち、私的交際に発展させることを自らに禁じている。これはまさにカウンセリングの倫理綱領と同じだ。カウンセラーは原則的に相談室以外で私的にクライアントと会うことはない。「よい関係性」は、インタビューという「仕事」を成立させるためのものと割り切らないと筆が鈍る、という豪さんの考え方はまさにプロの仕事人ならではだ。

「客観的な線引きをして、情がわかないくらいの距離感を保つことが必要。アイドルに限らず、取材対象者は個性的でありアクの強い人が多い。好きだ、面白い、という、その面白がりの距離を心得ておかないと、問題となる場合がある」

過度な依存や、近づきすぎて逆に嫌いになったり、なられたりという事態が起きかねない。大事なのはヒット&アウェーのスタンスなのだ。

裏技その4　うそをつかない

動物もののテレビ番組で一世を風靡《ふうび》したムツゴロウさん（畑正憲氏）をインタビューした時の話。当時ムツゴロウさんのイメージは「動物好きの、無邪気で愉快なおじいさん」。その一方で少数派ながら「無垢な動物で商売をするあざといおじいさん」という声もあった。過去の記事を検索しても大体そんな風に二つに分かれていたという。

しかし、豪さんはいずれの視点も「面白くない」と感じた。でも、ムツゴロウさんの

「でたらめな部分」には興味を持った。調べてみると、ムツゴロウさんは動物好きなはずなのに「動物実験はどんどんやるべき」と発言したり、羊をだっこしてぺろぺろなめながら満面の笑みで「この羊、食べたら美味しいよ」なんてブラックなことを口にしたり。このへんを面白いと思ったのだ。

こんなエピソードもあったという。番組で共演する芸人さんが「動物が大好きでファンなんです」とお愛想を言っても、ムツゴロウさんは「あ、そ」と素っ気ない。ところがその芸人が話のついでに「僕、麻雀好きなんですよ」と言ったとたんに目をギラつかせ、「今、いくら持ってる？　今やる？」といきなり食いつくように話に乗ってきたという。

豪さんは、「このでたらめでいい加減な部分、おかしくて好きだなあ」と思った。そして、ここをポイントにしてインタビューに臨むと、ムツゴロウさんは大喜び。「私も動物大好きなんです！　動物を愛するって、素敵ですね」式のありきたりな取材にうんざりしていたムツゴロウさんは、それとは真逆の、豪さんの面白がり方が気に入ったのだ。

「単なる動物バカじゃ、王国の動物も人間も食っていけないもんでね」

そんな本音を快く語ってくれたようだ。

「動物に囲まれた素晴らしい人生ですね」などといった、心にもない「うそ」は一切言わない。ムツゴロウさんの人間くささを「本気で好き」という思いで話を聞いたから相手も胸襟を開いてくれたのだと思う。

裏技その５　否定したり説教したりしない

角川春樹さんはインタビューの時、突拍子もないことを言うことで有名だ。

「僕には地震を止める力がある」「満月を半月にすることもできる」

普通なら「またまた、ご冗談を」「そんなことできるわけないじゃないですか」とツッコミたくなる。もしくは「ここは使えないな」と判断して、話をそらしていくのが普通のインタビュアーである。

しかし、こんな時の豪さんの答は違う。

「エエエエッ！　スゲー！　そうなんですか!!」

一見、無責任な反応のように見えるが、豪さんはこう言う。

「おいおい、それはないでしょう、という風に否定のツッコミを入れるのは僕の仕事ではない。話し手には気持ちよく話してもらいたい。ツッコミは読者のお楽しみです。読者のお楽しみの芽を摘んでどうするんですか？　我々は正論を吐く立場にない。読者のおもしろがりを増幅させていくのが仕事。それに、角川さんが目の前で、地震が止められる、とおっしゃっていることそのものは事実なんですから。実際止められるか止められないかはともかく。話を膨らますために『えー、だから最近関東で大きな地震がないんですか？』ぐらいに返すと、角川さんのテンションは上がる。

こういう場面でインタビュアーは偏屈な正義を振りかざすべきじゃないんです。ただし、ウソはつかないというルールは自分に課しています。ああ、地震止められる人いるらしいですね、という言い方はしない。ひたすら素直に驚きながらおもしろさを増幅させるための質問をくり返す。

『今度K－1のリングで戦おうと考えている』。これも真顔で言われました。『その訓練のためにこの棒を一日一万回振っている』なんてこともおっしゃる。どんな怪力でも百回も振ればくたくたになる重い棒。それが、話を聞く度に二万回になったり、三万回になったり増えていく。こういうところを読者が喜んでいる。回数はぶれるけど、発言の根底はぶれない角川さんのそういうところ、好きですねえ」

以上が日本一のプロインタビュアーの裏技である。あなたは、どれだけのヒントを得ただろうか。「吉田流インタビュー術」を一般の人でも使えるように嚙み砕いてみよう。裏技その１の「事前取材で『好き』になっておく」は、就活の学生が面接を受ける時、非常に有効なスキルにつながるだろう。「面接で何をどう話したらいいんですか？」という質問を学生から受けることがあるのだが、今後、私は豪さんのこの裏技を使って説明しようと思う。

採用されたい、と思ったら、その会社をとことん調べつくし、「自分が好きなポイント」を探り当てることだ。「自分は、ここが『好き』のツボだ！」が発見できれば、面接での構えはまるで違ってくる。誰でもが口にする、通り一遍な模範解答など、この厳しい時代、まるで通用しない。漫然と企業研究するのではなく「ここ、すごく共感できる。こういうの好きだ！」というポイントを見つけ、深掘りしておけば、面接官への話の伝わり方が必ず違ってくるはずだ。

裏技その２「綿密な事前取材により、初対面の一発勝負で関係性を築いてしまう」は、初めて訪問する企業との交渉を任されたビジネスパーソンが大いに参考にして欲しい技だ。雑談とは、単なる「どうでもいい話」ではなく「商談に直結する大事なビジネストーク」なのだ。心理療法の一つ「交流分析」で言うところの「ストローク」の大切さを、豪さんは言葉を変えて教えてくれている。

「えー！　うちの、そんなことまでご存じなんですか⁉」という驚きは、好感度と親密度をぐんとアップさせる。

裏技その３「ヒット＆アウェー」は、管理職にお勧めしたい。部下を持つ身となれば、何かと相談に乗らなければならないこともあろう。そもそも相談を持ちかけられる、悩みを打ち明けてもらえる、というのは、その部下に信頼されている証拠。その関係性は今後とも大事にしていくべきだ。

しかし、だからといって、部下を依存的にさせるのはよくない。何かと上司の顔色をうかがう、自分で決められない部下を量産するのはよくないことだ。相談に乗るべき時は依存の対象として、しっかり援助する。しかし、道筋をつけたら、その後は必要以上に介入しない。自立した部下の養成が上司の責務でもある。

そういう意味では緊急時には手を貸し、丁寧に導くが、独り立ちできるまでになれば、それ以上干渉しない態度が求められる。ヒット＆アウェーというと一見、無責任のようだが、ここではそういう意味ではない。過度な依存を戒めているのである。

裏技その４「うそをつかない」は人間関係の基本でもある。「心にもないこと」「聞いたようなこと」は人の心に響かない、ということを豪さんの言葉からくみ取って欲しい。仔細に観察し吟味し、自分の感性で「これってすごいなあ」と心の底から感心した時に口をついて出た言葉は説得力が違う。

裏技その５「否定したり説教したりしない」は、特に口が達者な人こそ気をつけて欲しいポイント。目の前の「えらい人」の話が「え？」と？マークが浮かぶような内容であることがある。

それをストレートに「それって、おかしくないですか？」と勇気を持って進言することが評価される場合もあるだろう。その結果、組織の危機を未然に防いだとなれば、あなたのお手柄となり、評価もぐっとアップするかもしれない。しかし、世の中とは往々にして、理不尽なことがまかり通る。

だから突っ込みを入れたい時であっても、「それは違います」と即答せずに、まずは「えー初耳です！　そうなんですか⁉」と、あえてひたすら驚きながら、質問していく方が効果を発揮することもあると知っておこう。

4　カリスマキャバクラ嬢はすごかった

「銀座のクラブのホステスには教養があったけど、近頃のキャバクラ嬢なんてのは無教養で下品でダメだね」

こんな声を聞くことがある。本当なんだろうか。私はけちで無粋な男なものでキャバクラなんて所にはほとんど縁がない。

しかし、かつて銀座のクラブにはサラリーマン時代からみのもんた先輩によく連れて行ってもらった。フリーになってからは、これまた銀座が何より好きな、今は亡き所属会社の社長やその仲間達と、ある時期、毎週のように銀座に通っていた。

よく言われるように、ママさんやナンバーワンとされる人たちは、容姿だけでその地位に上り詰めたわけではない。皆、人一倍気配りができる。私のような、金魚の糞のように一銭も払わずひたすらゴチになるだけの客に対してだって、翌朝早い番組出演の時なんかは、それを察知するとさりげなく背中を押して早めに退出しやすくしてくれたり、ちょっと鼻水をすすれば、ボーイさんを薬局に走らせ葛根湯をテーブルの下から渡してくれたり……かゆいところに手の届くサービスにはいつも感心させられたものだ。

近頃はそういう場に顔を出すこともなくなった。だからキャバクラ嬢がどんな具合なのかはよく知らなかったのだが、たまたまテレビで山上紗和さんというカリスマキャバ嬢の話を聞く機会を得た。番組は、宮森セーラというアイドルをビッグにさせるため各界の賢人に教えを請うという内容。山上さんからは、人をそらさぬ会話術を学ぼうという趣旨である。

体重が三十七キロしかないという華奢《きゃしゃ》でスリムな体型だが十二分なゴージャス感を漂わせながらスタジオに現れた紗和さんは、二十代とは思えぬ落ち着いた風格を感じさせる美女。その口から飛び出すのは、まさにプロの知恵の数々であった。

梶原「ナンバーワンになると、周囲への気遣いは半端じゃないでしょう。気疲れしない？」

山上「お店全体に支えられてのナンバーワンですから。今いるところは大箱で（店が大きくて）在籍百人以上。こういう業界だからいろんな人を観てるんです。表ではいい顔してても、バックヤードにいるヘアメイクさんに当たり散らす人。ボーイさんが注文の品をちょっとでも遅れて持って来ると『なにやってんのよ！』ってお顔しちゃう人。こういう人は大抵伸びませんね。みんなに協力してもらえませんから」
梶原「女の子同士だと、陰湿な嫉妬の戦い、みたいのない？」
山上「ありますよ。私の場合は私を敵視するような人を、まず私の席に呼んで場内指名をとらせてあげるようにするんです。私と意地張り合ってるより仲間になっておいた方が得だなって思わせる。その方が店全体の雰囲気も良くなるし、私も働きやすいし」
嫉妬するやっかいな相手を、憎んだりいじめ返したりするのは簡単だが、あえてメリットを与えて仲間に取り込む。ビジネスパーソンの見習いどころだ。鼻の下を伸ばして飲んでいる場合ではない。この先もためになる話のてんこ盛りだ。
梶原「仲間への気遣いもあるだろうけど、やっぱ、やっかいなのは客あしらいだよね。いやな客から、『この後アフター（店を閉めたあとの店外での付き合い）に行こうよ、ねえ、ねえ』としつこく誘われる事だってあるでしょう？」
山上「私は断らないんです。『わあうれしい！　じゃあ、お友達も一緒にいいですか、すっごくきれいな子なんですけど』。こう言って、『じゃあ、やめとくわ』とあからさまに気分を害すお客さんていないんですよ。こういう所でみんな見栄を張りたいんですね。器の小さい男だと思われたくない。ホントは紗和と二人きりになりたいはずだけど太っ腹なところを見せるものなの。

で、お店を出て、三人で高級寿司店なんか行って、バンバン食べて盛り上がっているうち、気がつくとその人は私だけのお客さんではなく、私のお友だちのお客さんにもなっている。次に来店する時はその女の子も指名せざるを得なくなる。女の子同士はそうやって指名もとって売り上げも上げることが出来るし、私も、その人と二人っきりの瞬間が避けられる。

お店に来たら、男と女というより次第にファミリーみたいな感じになっちゃうでしょう。妹にお兄ちゃんはさすがに手を出しにくい。こういうのどんどん増やしちゃう。そういう輪を広げていくことで、店全体の売り上げに貢献する。最初は私狙いだったおじさまも、お店に来ることそのものを楽しむ穏やかな常連さんになって下さるものですよ」

誘いを拒まず、マンツーマンの怪しい関係を避ける。しかも、他のキャスト（キャバ嬢は自分達のことをキャストと、ディズニーランドのスタッフみたいに呼ぶ）からも感謝される。「自分だけ売れっ子でいい気になって！」という女性職場にありがちなジェラシー防止にもなる。ナンバーワンの営業感覚はご覧のようにしたたかなのだ。

梶原「指名客がかち合うときはどうするの？」

山上「お店によっては、そういう時のために、店内の席の配置で『死角』を作り、ボーイさんが気を遣って、互いにそういうところに御案内する場合があるんですが、私は気にしないの。

目の前の指名してくれたお客さんの視線がふと私から外れた瞬間、向こうにいる、ちょっと寂しそうな別の指名客さんに、ちょっとした隙をぬって満面の笑顔で手を振る。『ホントはそっちに行きたいのよ！』という気持ちを込めてね。で、前の指名客の所から手を振ったお客さんの席に移った時は『ただいま！』って挨拶して『もう、あのお客さんたら、この後つきあえとか、今度の休みはいつだとか、参っちゃった。そういう遊び方って粋じゃないわよねえ』みたいなことをいうの。

そうすると、目の前の指名客の方も、『そうだよ、そういう陰湿な遊びは良くない！こういうのはこういう場でだけ盛り上がるのが遊びってもんだよね』ってなっていって、個人的な店外デートの誘い防止につながる。これも長年の知恵のひとつ」

どの世界にも、頭の良い人というものはいるものだ。こういう人の手のひらで、我々は踊りながら年をとっていくのかもしれない。

セーラ「プロですねえー！」

山上「キャバ嬢は、私は接客のプロです、なんてえらそうに思ったらおしまいなの。ただ笑って座っているだけで高いお金をもらってすみませんという気持を忘れず、一生懸命やる姿勢が大切なんです」

梶原「でも、実は技を使ってるんでしょう？」

山上「お客様を楽しませよう、なんて考えるのは、とても傲慢なこと。お客さんが楽しんでいる所にいる、というのが理想ですね。私達、芸人さんじゃないから、笑わせたり、楽しませたりなんて能力無いじゃないですか。お客さんが話す話をしっかり聞いて、面白がるのがお仕事ですね。

お客さん達は、話を聞くよりも、自分の話を聞いてもらう方がずっとお好き。話すキャバ嬢より聞くキャバ嬢の方が出世する。これはこの世界の常識ですよ。お客様の中にはあえて難しい業界の話をしてくる人もいらっしゃる。そういう時は、中途半端に分かったふりなんかしない。

お利口さんぶらないで『なんかすごーい！　面白そう！　私なんかでも分かるように教えてくださーい』と素直に聞いた方が喜んでもらえる。とにかく、お客さんに気分良くしゃべっていただくお仕事なんですから。

正直あんまり好きなタイプじゃないなあ、というお客さんでも、しっかり聞いて、観察してると、その人の本当に良いところが見えてくることがあるんです。そこはすかさず口に出します。お世辞はすぐにばれて、かえっていやがられるけど、本人さえも気付いていない細かい良いところを見つけ出し言葉にして褒めると感激して下さいますね」

結局のところ、店に通う男たちの下心は今も昔も不変である。ということは、相手をする女性の中でトップクラスに立つ人がその一枚も二枚も上をいっているという構図もまた変わらないのである。

5　梨元勝さんはつかみ名人だった

二〇一〇年、梨元勝さんが肺がんで亡くなった。

梨元さんとは二十年以上前から、ラジオやテレビの番組でご一緒していた。飲む時は大抵、梨元さんのおごり。それこそこちらは「恐縮」するばかりだった。この元祖芸能レポーターの代名詞といえば「恐縮デース」というフレーズ。この言葉を満面の笑みを浮かべながら発して取材をするのだけれども、実は結構強引で鋭く、時には失礼な質問もへっちゃらでぶつけるところがあった。軟派に見えて実はかなり硬派。スタッフにも遠慮がなかった。

テレビの芸能ニュースが、業界内の事情でどんどんタブーや自主規制を増やしていく風潮にあらがい続けた信念の人でもある。そのため亡くなる前数年間は、地上波キー局のワイドショーには登場していなかった。

「もう地上波なしには飯が食えないという時代は終わった。僕はね、ネットでガンガン、規制無しの情報を流していきますよ」

梨元さんが居酒屋で熱く語ってくれたのは、もう大分前のこと。情報収集の方法や、見せ方、サイトの単価、売り上げ目途等々、詳細なビジネスモデルは、テレビに頼らずに自分の思いを貫く戦略としてとてもよく練られているなあと素人ながら感心したのを憶えている。それが程なく「梨元・芸能！裏チャンネル」というサイトになり見事成功した。そのサイト発で様々なスクープが飛び出した。

考えてみると、梨元さんの人気の理由は、あの憎めない笑顔、突撃精神だけではなく、「伝える技」の見事さであったと思う。

「恐縮デース」という、梨元さんのキャッチフレーズには、きついこと聞きますから、あらかじめ謝っておきます、エクスキューズミー、という気持ちが込められている。そして、いきなりマイクをつきだしたのに答えてくれて（答えざるを得ない場合を含む）ありがとうと、事前にお礼を言っておく。

この二つのニュアンスを「恐縮デース」に込めて、両者の間に立ちはだかる刺々《とげとげ》しいバリアーを少しでも和らげるクッションとしたい。そんな苦肉の策として生まれたものだと聞いたこともある。「恐縮デース」は、「戦略的フレーズ」なのだ。

また、梨元さんはインタビューを受ける時、「何分までに締めればいい？」と確認することが常だった。しゃべりの持ち時間を瞬時に計算し、それに応じて話の構成を決めることが習い性《せい》になっている。だから、だらだらしゃべらない。

ラジオで梨元さんに芸能情報を聞いたことが何度もある。ある年の年末は「飯島愛さんの孤独死の真相」について語ってもらうために、ハワイから電話出演していただいた。

梨元「はいはい、恐縮デース」

いつもの調子で登場した梨元さん。

「いやあ、飯島さんの死は残念ですね。最後に共演したときには、『梨元さん、お仕事頑張ってくださいね』なんて、励ましてくれた。その表情を思い出しますね。で、今回の飯島さんの件で気になる情報が二つあるんですよ」

出だしで、即座に飯島さんとの関係をエピソードをまじえて話す。私やリスナーには、在りし日の飯島さんの表情が目の前に現れる。

続けてすかさず「気になる情報が二つあるんです」と「つかみ」の一言で引きつける。

「そのことを言う前に一言だけ。ハワイの大停電のニュース、日本に伝わってますか？オバマ大統領も休暇でハワイに来ていたのが、万一に備えて、軍の施設に移動した、という話がこっちではもっぱらです。昨日は夜も真っ暗で、携帯電話の明かりがあんなに明るいと初めて知りました。それでも朝の四時半に起きて空港に取材に出かけ、先程家に帰ったら電気がついていました。うーん。本来なら、飯島愛さんに空港でインタビューしていてもおかしくなかったんですがねえ。さて、その、飯島愛さんの孤独死に関する二つの謎の一つ目ですがね」

こんな風に、核心を語る前に、あえてその日のトピックスを軽く交えつつ、自然に飯島さんの話に繋げていく。このあたりの「変化球技」も、梨元さん一流のものだ。

そして本題「気になる二つの情報」へ話は進んだ。一つ目は、ウェブの読者からの投稿で「最近円形脱毛症に悩んでいたという飯島さんの噂」を知り、ブログチェックや周辺取材の結果、「経済的な問題」を懸念していたという声を紹介。二つ目は、ある人物と新規事業を立ち上げる計画について「飯島愛」という名称使用をめぐる問題等々で悩んでいたとの「噂」に言及。

この二つが「どうも気になる」と言うのだけれど、結局は噂の域を超えず、「謎は謎のまま」で話は終わったのだ。

冷静に振り返るとあまり中味は無い。でも、梨元さんが、声を落として語ると、思わず引き込まれる。結果として、ひととき飯島愛さんに思いを巡らすことが出来た、と納得するリスナーは少なくなかったと思う。

梨元さんは、確たる中身がない話までも聞かせてしまう腕の持ち主だったのだ。

我々が梨元さんの「伝える技」から学ぶものは少なくない。かつて、梨元さんは「ダイアナ皇太子妃直撃レポート！」とか、「ゴルバチョフ（ソ連最後の書記長）突撃ルポ」という企画を手がけたこともあった。ロシア語はもとより、英語もまるでダメなのに「視聴率のとれる商品」に仕立てられたのは、梨元さんが、ターゲットを追いかけ、対面した現場の緊張感を、巧みに伝える「技術」を持っていたからだ。

残念なことに、梨元さんのサイトには、二〇一〇年六月からがん闘病レポートが加わることになってしまった。亡くなる二週間ほど前に「市川海老蔵、小林麻央結婚」についてラジオで話してもらえるかなあ、と梨元さんに連絡すると、「いいよ！　ＯＫ！」。お言葉に甘え、病院から電話で生放送に出演していただいた。

今から考えれば体調は酷かったに違いない。身体への負担を考えれば、申し訳無かったという気持ちでいっぱいだ。しかし、電話の梨元さんは、いつもと同じように「恐縮デース」と言って登場した。「身体大丈夫ですか？」と尋ねると、ちょっと間があって、「ええ、病室からガンガンスクープを伝えようという状況です。ツイッターなんかで皆さんから励ましていただいてます」

と言ったところで、梨元さんの咳き込む声が聞こえてくる。それでも一通り話してくれた後で、次なるターゲットについても嬉しそうに語ってくれた。

「僕はね、今週、○君と△さん（若い噂のカップル）の最新情報をキャッチしたんで、追っかけてますよ。二人は学校の先輩後輩で、一緒に京都旅行。祇園でデートだっていうんですから、こりゃあねえ（咳）」

「取材楽しみです。じゃ、またお願いしマース」

「ハイ恐縮デース」

梨元さんは、残念ながら、天寿を全うすることは出来なかったかもしれないが「天職」を見事やり遂げた、偉大な人であった。

6　田原総一朗さんの獰猛さ

たぶんテレビに出てこんなに怒っている人も珍しい。そしてそんなに怒っているのに愛されている人もまた珍しい。論客、田原総一朗さんのことである。

対談のために久しぶりにお目にかかった田原さんはいつも通りエネルギッシュ。聞いているだけで、「俺も何かやらねば」という気になってくる、田原さんの言葉を紹介しながら、そのコミュニケーション術を学んでみよう。

「教えてる早稲田の学生に、何で、中国大使館前でデモしないんだと言ったら、ポカンとしてるんだよなあ。

百人以上の国会議員を引き連れて胡錦濤国家主席に会いに行った〝中国通〟の小沢(一郎)さん。今どこで何してるの。何をおいてもすぐ中国に駆けつけるべきでしょう？

新聞もテレビも、ひたすら解説するばかり。ほら、朝日も、産経だって、日本政府の対応を非難することはできても直接中国にものを言えない。実に情けない」

田原さんがいきなり熱く語り始めたのは、当時トップニュースになっていた尖閣諸島を巡る中国との問題についてである。実はこれ、私との対談収録のまだ本番前の雑談である。その段階ですでにかなりの熱量。

その時々、最も関心を持っているテーマを自分から振って、相手の反応を探る。これが本番を前にした、「田原さん流ウォーミングアップ」である。雑談とはいえ、このやりとりは、そのままオンエアーしてもまるで違和感のないクオリティの高いものだ。僕らはこういう話が大好きだから、大歓迎だ（初対面だといきなりの熱弁に驚くかもしれないが）。

何度か番組を御一緒し、「朝まで生テレビ！（以下、朝生）」の司会の代役をしたのがご縁で、同番組の忘年会に参加させてもらったことがあった。そこはカメラの入らない「朝生」のようで、いわゆるゆるゆるとした宴席の雰囲気でないのが実に新鮮だ。主として、その時話題の政治や経済の情報が熱く交換される。

例えば、若いスタッフが、田原さんの知らない情報を口にする。それが田原さんの好奇心のアンテナにビビッと触れると、「朝生」の司会者の時の口調で「ちょっと待った！　それ、何？」「どこでの話？　詳しく教えてくれないかなあ」。こういう場面でもしっかり情報収集をしてしまう。

　仕事に活かせそうだ、と思う話への食いつきぶりはまるで獰猛な野獣なみだ。「酒もタバコも、賭け事もスポーツもしない田原さんの唯一の趣味は、好奇心を満たす情報収集だ」と言うスタッフがいたが、その通りだと思う。

　田原さんに限らず、一流の経営者達も、いろいろ趣味の話に花を咲かせながら「本当に好きなのは何ですか？」と聞けば「実は、仕事なんだ」という人が結構多い。田原さんの「仕事が一番」は徹底していて、いわゆる社交会話は苦手のご様子。

「講演会なんかで地方に行くと、いろんな人が名刺を持ってきて、良い天気でよかったですね、とか、こちらのほうにはよくお越しに？　とか話しかけてくるのにどう答えて良いか分からない。僕は（亡くなった）うちの女房をボディーガードと呼んでいたんだけれど、彼女が防波堤になって、そういう人の相手をしてくれていた。その間に僕はすっとどっかに消えちゃうでしょう。そうすると、担当者が慌てて『田原さん、今日本当にお話しして下さるんですかね』なんて心配したりしてね。お客さんの前に出ればビシッとやりますよ、もちろん。

　僕はね、自分で興味を持っていること以外はどうでもいいと思っている。日本や世界の政治や経済には興味があるからがんがんやりますよ。でも自分のお金とか、食べるものとか、着るものとか、なーんにも関心がない。自分が会いたい人への取材は別ですが、それ以外は、朝起きて紙を渡されて、ここここへ行って下さいという、その通りに動いている感じですね」

　田原さんは「これはいける！」と思った情報には貪欲だ。「ひょっとして意外に田原さん、ミーハー？」と言われるほど、新しいことにのめり込むこともある。最近はツイッターにのめりこんでいる。

「ツイッター面白いね。僕が興味を持っている話を書き込むと、即座に何百っていう反応がある。iPad使ってやってますよ」

　田原さんとツイッターやiPadというと違和感を覚える人がいるかもしれないが、初期の著作には科学やコンピューター関連のものが多い。八〇年代初期で、ウィンドウズ95の登場する遥か昔。パソコンではなくマイコンの時代だ。

好奇心のアンテナに引っかかれば、先端テクノロジー、宇宙開発、原子力も夢中になって取材している。「今これをやっておけばこの先の展開が面白くなるぞ」、こういうことを察知する能力を古くから「鼻が利く」といった。

ジャーナリストとして大成するかどうかのポイントは「鼻が利く」ことだと言われるが、田原さんのそれは格別だ。じつはこれ、ジャーナリストに限らない。「鼻の利かない有能な経営者」なんてものは聞いたことがない。将来大成したいビジネスパーソンは好奇心のアンテナを張り巡らし、「鼻を利かせるための訓練」を怠ってはならない。そのためには好奇心を強く持ち、耳をそばだて目を見開き観察すること。

この時の対談テーマは、「田原総一朗から強力なコミュニケーションのハウツーを聞きだそう」であった。このテーマそのものが、田原さんのアンテナにひっかからなければそもそも対談は、はなから失敗だ。「コミュニケーションのハウツー？　さあ？」と言われて沈黙に終始するかもしれない。「どうなる中国、どうする日本」みたいな話題であればずっと気が楽であったが、番組からの注文とあれば致し方ない。

「どうなるか分からない話を聞かねばならない」

あなたにもそういう場面がきっと訪れる。その時のためにリハーサルだと思って、読み続けてほしい。

マイクを付けてからの私の第一声はこんな感じだった。

「この間の『朝生』、円高不況、雇用不安をどうする！　っていうテーマで始まったのに、いきなり中国人船長解放の映像を入れてましたね」

なぜ私がこうきり出したかと言えば、一つにはテープを回す前の「雑談」で田原さんが一番熱く語っていたのが「尖閣問題」だったこと。さらに、もう一つ、放送したばかりの「朝生」の反応は知りたいに違いないとの計算があった。

田原さんの「自在な司会ぶり」についてまず聞き出したいと思っていたので、「朝生」のエピソードから入ったわけだ。田原さんはすぐにこう答えてくれた。

「僕はね、生放送では、何が起こるか分からないというところに視聴者が共感してくれていると信じている。番組前に一応の流れは頭の中でシミュレーションしますよ。でも実際の番組がそのままだったら、何にも面白くない。今この瞬間に面白いものを伝えなきゃ、お客さん納得しないもん。僕は司会者としてよりディレクター生活の方が長かったから、今も演出家の気持ちで番組に臨んでいる。予定調和で、無難な進行は最悪でしょ。荒っぽくても、今この場面でしか見られない映像を乱暴にぶち込んだ方が視聴者が喜ぶと思えばそれを優先する。そういう思いがスタッフで共有されているから、発言者を遮って船長の映像を流しても、スタッフが何日もかけて編集したＶＴＲをぶった切ってもだれも文句は言わない」

目の前の十数名の出演者のことだけを考えたら、発言の機会や時間を平等にと、司会者としては考えてしまうところだが、田原さんは違う。私も賛成だ。司会者も、商売人と同じで、すぐ目の前の担当者だけが満足するものは売れない。お客様の立場に立ち、お客様が満足する商品は何なのかということに思いを巡らしていなければお客様は離れる。こんな風に尋ねてみた。

「今回も、感情的な発言を結構長々としゃべり続ける人がいましたね。田原さんがいつストップかけるかと思ったら、逆にもっと言え、もっと吠えろ、と焚きつけているように見えましたが、あれはどういう意図なんですか？」

「あの場面、テレビ視ている人はイライラしたと思うんですね。でも十分イライラしたあとで、別の見解を述べる人にふっと話をむける。その人が理路整然と説明できると、視てる人はイライラのあとだけによりすっきりする。この先見続けようと思うんだね。僕はいつも、自分が視聴者ならどこを面白がり、どこまで我慢して、どこまで引っ張れば納得するか、視ている人の立場であの場にいる。お客さんにとって、この話はいらないな、と思ったら次に行く」

やはり田原さんはいつも「顧客満足」をねらう、流行っている店の経営者と同じ姿勢だ。だから常に視聴者の視点を忘れない。だからよく、こんなフレーズを使う。

「その今言った、何とかいう横文字、よく分かんないから、誰か説明してよ」「何だか良いこと言ってるみたいだけど、話が速すぎて僕じゃついて行けない。もっとゆっくり、僕でも分かるように話して」

どう考えても田原さんなら理解できていそうな場面でも、あえてこういう質問を入れて、議論のペースをわざと落としたりする。

獰猛にして老獪《ろうかい》。もう七十八歳だというのだから、怪物としか言いようがない——なんて調子で締めくくったら、田原さんには「ねえ、そんな抽象的な言い方じゃ伝わんないよ！」と叱られそうだけど。

第3章　伝えるには知恵が要る

1　上司から部下への「読み聞かせ」のススメ

「読書」をテーマにしたシンポジウムで司会をしたことがある。パネリストはエッセイストの林望さん、ベストセラー『女性の品格』の著者・坂東眞理子さん、カリスマ経営コンサルタントの神田昌典さん。

トークがある程度進んだところで、「このところ話題の〝読み聞かせ〟を、母親がiPadを使って幼児に試みる場面をちょっと想像してみてください」と話題を振ってみた。それは私たちがイメージする「読み聞かせ」とは似て非なるものではないでしょうか、という問いかけである。

こういう一見頓珍漢な発言の真意を三人の賢者は即座にかぎ取り、実にスムーズにメインテーマに移行していく。

林さんはこんな話をしてくれた。

「梶原さんは、お母さんの読み聞かせ、と、読み聞かせを女性がするものと決めつけていらっしゃるようですが、イギリスではお父さんが、素晴らしいバリトンボイスで子供の耳元で〝読み聞かせ〟をする、なんていうのも当たり前なんですよ」

さすがイギリス通の林さんらしい、イギリス流「お父さんの読み聞かせ」の提案だ。

これを受けて神田さんは、

「僕は、休みの日には子供たちを本屋さんに連れて行き、お父さんに読んで欲しい本を選ぶように言うんです。お小遣いとは別だから、遠慮はいらないよって。子供たちは目を輝かせて本屋さんの棚から好きな本を探す。こうして読書文化は引き継がれていくんだなあ、という実感がありますね」。

坂東さんは次のような話をしてくれた。

「私は役所勤めと家事で、子供との接触時間は一般の方に比べてずっと少なかったと思います。でも、家事の合間のホンのちょっとした時間に、細切れのようだったんですが、子供を抱きしめるような思いで読み聞かせはしましたね。あれで、活字好きな子に育てた、というより、母と子供の心を通わす時間を無理矢理作っていた気がします」

さて、ここまでは前置き。子供への読み聞かせが有効なのは誰もが認めるところ。ならば、と私は提案したい。職場での「上司から部下への読み聞かせのススメ」もしてみてはどうか。以下は、そのシミュレーションと効能の話。

「おい、鈴木君！　月曜の社内定例会議。今月は君が報告する。骨子はパソコンにメールしといたから目を通しておけ」

医療器具の会社の第一営業部、入社三年目の鈴木君に部長が陽気に声をかけてきた。上から下に大事な案件がいきなりメールで伝えられることがある。こんな風に「目を通しておけ」の一言が添えられる分だけ、ましだとも言える。

その骨子とは次のようなものであった。

①第一営業部の医療機関への販売成約率についての現状報告
②成約率向上目標五％アップの齟齬要員説明
③第一営業部からの提案として、第二営業部との協働、販促部との連携強化

④担当者、鈴木、佐藤

実に簡潔。日常的に業務に関わっている当事者ならこれで十分なのかもしれない。鈴木君も部長に「はい」と返事はした。しかし、必ずしも要領が良くない鈴木君の心には様々な不安が渦巻いているかもしれない。

たとえば、メールだけ見た鈴木君は、こんな不安を持っていた。

「成約率って、今期の部全体のものなのか、それとも直近三か月の状況が悪かった時期のものなのか？　齟齬要員とは、マイナスに働いた人物を告発するの？　いや、阻害要因の誤記だよなあ、普通。うーん。

第二営業部との協働とか販促部との連携強化って、早い話が、局を一本化する提案をしろってことか？　そんな大きなこと俺から言えないよ。協力体制を強化し円滑化するため、ぐらいにしておこうかなあ。

担当者の鈴木は俺か。佐藤は第二営業部にも販促にもいるけどいきなり部を越えてことに当ります、って宣言しろってこと？　いや、うちの部の佐藤さんだよなあ。確認したいけど、部長は忙しそうに出かけちゃったしなあ、あーあ」

普段の業務に関する事を報告するのに、上司のメールを前にこんな風に迷う社員も頼りないが、文字を見せられただけではこんな不都合も出てくるという見本だと思って欲しい。

こんな時こそ、ペーパーを一緒に見ながら、上司は鈴木君にほんの一分ちょい「読み聞かせ」してあげれば、もっとスムーズに事が運んだのではないか。

「上から読んでいくよ。①については今期四月から九月の成約率。円高で原料の輸入価格が下がるから利益幅が増えるって変に期待されてたけど、結局ホンのちょっとしか数字的には伸びなかった。この時代に売値を下げなかった社の判断に問題ありだけど、言い訳がましくならないよう事実だけ言えばいい。定例会議は基本、報告会だからね。

②の五%アップというのは全社的な目標数値。今期はサンプル調達の遅れ、数の少なさでうちは迷惑を受けた側。あれさえなければ最低五%アップはいけた。でもそれを言っちゃあおしまいね。販促さんに『出来れば、サンプル調達の迅速化をお願いします』ぐらいにしておこうか。

③についてはいずれ第二営業部も販促も、まとめて営業局一つにする方針らしい。局の風通しをよくしたいと上の方は言っているらしい。言われる前に、先取りする形で

『一体化を』ぐらいに一発かまして、反応待ちだな。

最後の担当者の佐藤は、もちろん君の先輩の佐藤。今度の会議ではあえてサポートに回ってもらっている。とはいえ、君の相談には乗るように言ってある。事前に話しておくと良い。質問は？　ないね？　ＯＫ！」

このような「読み聞かせ」をしておけば、部下のプレゼン内容への理解は飛躍的に高まり、多くの問題点はクリアでき、不安は低減する。

それ以上に、部長の、鈴木君への「こいつ大丈夫かな？　うまくやれるか？　任せてよかったかなあ？」という不信や不安が、たった一分少々でみるみる溶け、鈴木君との直のふれあいで「部下との絆」が深まることにつながる。

部下と上司の信頼の架け橋は、このように築かれていく。

「文字だけでの指示」より「音読を伴った、読み聞かせでの指示」は、仕事の効率化を促進する上で実に効果的だ。「読み聞かせ」を家庭内だけのことと決め付けるのは、もったいない話である。

2　「ちょっとした立ち話」をあなどるな

「僕が若いころ、米国の大学で博士号を取るために勉強していた当時の話だ。実感したのは〝Hidden Curriculum〟がとても大事だということだ。当時米国の有名な心理学者から公式な〝Curriculum〟をベースにした充実の講義を教室で学んだが、今、心に強く残っているのは〝Hidden Curriculum〟のほうだなあ」

社会人大学院生の時に師として仰いだ、國分《こくぶ》康孝先生（心理学）の言葉だ。〝Hidden Curriculum〟（ヒドゥンカリキュラム）とは直訳すれば「隠されたカリキュラム」。教室の正式なカリキュラムに基づいた講義に対して、講義後の非公式な先生の教えとでもいおうか。たまたまエレベーターホールで二人きりになった時、教授とほんの一言二言交わしたなんでもない非公式なやりとりの方が、その後の人生において重要な意味を持つことがあるとおっしゃるのだ。「公式」より「非公式」、「本番」より「本番終了後の雑談」が大事なことだってある。そういうことだと解釈した。

國分先生が多くのアメリカ人学生に混じり、難解な講義を受けながら博士論文と格闘していた当時、授業の後、その名を聞けば心理学に関係する人なら誰でも知っている某教授と廊下ですれ違いざまに言葉を交わしたことがあった。この時の会話は一生の宝物として忘れられないという。

その教授は唐突に、「君は離婚したことはあるか?」と聞いてきた。「いえ、ありません」と答えると、

「じゃあわからないかもしれないが、再婚相手の子供とうまく話をするのは結構難しいものだねえ。今日は彼の誕生日パーティーなんだ」

あんなに堂々と名講義をされていた著名な心理学者も、ささいな家庭問題に心を悩ますことがある。当然といえば当然のことなのだが、生身の人間としての姿を見ることができた。いわば生きた教材だ。これは隠されたカリキュラムならではの経験だろう。

またある時は、教授から立ち話のような場面で、こんなことも言われたという。

「やあ、君。明日は論文審査会議だったな。僕は君に答えやすい質問をするから、私の質問の時は特にゆっくり落ち着いてしっかり答えろ。それだけでも全体の印象がよくなり、結果として論文が通りやすくなる。今君が習得すべき最も大事なスキルだ」

こういう「本当の技術」は、大勢の学生を前にした教室ではあまり語られない。実は、人生において大事な話は、このようにさりげない「立ち話」で伝えられるものだ。

私がラジオ局を辞めて、フリーのアナウンサーになりたてのころ、あるシンポジウムの司会を担当した。テーマは「女性の生き方」といったもので、直木賞作家、ベテラン女優、女性起業家、等々、その頃話題の女性が「人生を熱く語る」という類のイベント。テレビもラジオも関わらない純粋なイベントというものに不慣れだった私は、それなりに緊張していた。放送局の人間は放送がないと緊張するのだ。

しかし下調べをしていたおかげもあって無事終了。さあ、早く帰って、友達と連絡して一杯やろうかと思い、そそくさと帰り支度を、と思ったら、当時のマネジャーが私にこう言った。

「梶さん。こういう場合は、本番以上に終わった後に、皆さんとどういう風に交わり、どういうお話をするかが大事。食後のデザートが一番大事で、美味しいんですよ。ほら、だれもすぐ帰らないでしょう。こういう雰囲気にはいっていかなきゃ。またいつどこで、御一緒するかもしれないんですから」

たしかに、お姉様達は、本番以上に喧《かまびす》しく、用意されたチョコレートやおせんべいをつまみながらトークを繰り広げている。良くいえばパワフルでエネルギッシュ、悪く言えばアクの強い人達に、人見知りの酷い男一人がどう混じって、何の話をすれば良いのやら、居心地の悪さを感じながら部屋の隅でしばらく話を聞いていた。

「なんだこりゃあ⁉」

本番では聞けなかった、ぶっちゃけトーク炸裂。

「さっきはあれでうまく話を引き出せたと思っていたけど、みんなまるで話し足りていなかった。今聞く話の方がよほど面白い！」

この時は随分自分を責めたものである。が、今になれば、それもまた若かったなあと思う。たしかに司会が満足でなかったことは認めるが、それ以上に、建前のいらない「私的な場面」だから、みんな言いたい放題を言っていたのだ。リラックスした皆さんは、私も知っている超有名人のうわさ話をはじめ「ここだけの話さあ」的な「秘蔵トーク」バンバンで、こちらの方が、私にとってもよほど人生勉強になったという気がした。

一人隅っこでいじいじしている私に気を遣ってくれた人がお茶を入れてくれながら、いろいろ質問して、私を話の輪にいれてくださる。そうか、一流と言われる人達は、こういう場面でも情報交換をしているんだ、と学んだものだ。

いわば、先程の公開シンポジウムは正式なカリキュラム。その後に展開されている「講義」は「隠されたカリキュラム」といえる。

以来、テレビ局で仕事を終えた後、メイク室で化粧を落とすときの会話も、実は大事な話が飛び出す「隠されたカリキュラム」であるという認識ができた。私がコラムで書くネタも、「隠されたカリキュラム」から得たものが多い。

グラビアアイドルを撮っているカメラマンと話をした時も、これに近いことを聞いたことがある。

「『ハイ撮りますよ、笑って笑って』なんて言うのはド素人。『いいね、いいですよ。最高』と乗せて撮るのは当たり前。『はい、以上です。お疲れ様でしたー。いやー、おかげで、とてもいい写真撮れました。最近、写真も大分なれたでしょう、ね』なんて油断させ、機材を片付けるふりをしながら、本人が気を抜いて素で笑ったところを撮るんです」

仕事という公的な緊張から解放された安堵感から、もっとも本人らしい魅力が伝わってくるというわけだ。こちらの方が雑誌に掲載される確率は高いとプロは言うのである。

社内会議で使う言葉を日本語から、英語に変える企業が話題になっている。本格的なビジネスの国際化に備えよう、という気持ちもよくわかる。日本語は、曖昧表現が多く、白黒はっきりしないから、会議の簡潔化にも英語が良い。そういう考え方も理解できる。

しかし、大事な仕事は会議室だけで進められているわけではない。むしろヒットするアイデアは、さりげない立ち話のようなものから生まれることがある。話を強引に冒頭に戻せば、人の心に響く企画や商品はきっちりしたカリキュラムの組まれた「公的な場」ではなく、なんでもない隙間の時間、喫煙ルームでのぼやきや、二百九十円均一の立ち飲み屋で気持がゆるゆるになった時こそ生まれる場合がある。そこにあるのは非公式な、いわば「隠されたカリキュラム」の世界だ。

大学院を修了してから八年経っても、私は國分先生の博士課程を聴講していた。充実したカリキュラムはもちろん素晴らしい。しかし、講義が終わり、先生と廊下を進み、エレベーターに乗り玄関までたどり着くほんのわずかな道中で教えていただく「立ち話」の魅力から離れられなかったのである。

3　ラジオ通販はなぜ売れる

「ガイアの夜明け」（テレビ東京系）で、「ラジオショッピングの女王」が紹介されていた。肉やカニを紹介するため、狭いスタジオにコンロを入れ、売り物の肉やカニの汁が火に垂れジュージューと美味しそうな音を立てる。見えないからと手を抜いては売れないという。

本格的なラジオショッピングは、一九七三年に文化放送が始めたといわれている。その年同局に入社した私は、ラジオショッピングで「表現する力」を学んだ気がする。

実はテレビショッピングでおなじみのジャパネットたかたの高田明社長も、この商売を始めたきっかけはラジオ。地元のラジオ番組でカメラを売ってみたら、予想以上の反響で驚いて、この世界に飛び込んだという。その名残か、テレビショッピングのトークでも随所にラジオ的「見える化表現」が用いられている。

「このビデオカメラ小さいでしょ。ほら私の手のひらに載せても、はみ出ない。軽さも大きさもデジカメとほとんど変わりません。これならお子さんの運動会、ご主人が仕事で来られなくても奥さん、片手で楽に使えますね。三十倍ズームでお子さんの顔も大きく、くっきり。もちろん手ぶれ防止機能付き」

テレビの画面を見なくても、最新ビデオカメラの小ささ、軽さ、便利さがありありと伝わってくる。

長崎県佐世保市のジャパネット本社におじゃまして驚いたのは、テレビスタジオの立派さもさることながら、ラジオショッピングのためのブースが、ズラリ並んでいて、何人もの社員が全国各地のラジオ局に向け生放送で商品を身振り手振り、汗を流して紹介している様子だった。

　利用者にとってはお馴染みのラジオショッピングだが、そうでない人は、この形式自体に疑問を持つようだ。見ないで買うなんて人がそんなにいるのか？と。そういう懐疑派に、ダイヤの指輪のような、「見た目勝負」のものが、ラジオでよく売れ、返品率も低いと説明すると、本当か？とさらに怪しむ。売っている私も、そのことが気になって、担当者に聞いたことがある。

　以下は私が担当していた当時の話だ。

「テレビは映像の工夫で、一カラットのダイヤを葡萄《ぶどう》一粒ぐらいに見せてしまうこともできる。で、届いたものをみると、その落差に愕然として、返品ということもあるかもしれないね。ところがラジオではリスナーは自分の指を見ながら、この位なんだろうなあ、と常識的にイメージする。過剰な期待を抱かない。ラジオを聞き慣れている人は、言葉から映像を頭の中で作り上げる訓練が出来ているから、とんでもない乖離《かいり》というのがないんだ。

ダイヤに限らず、宝飾品のような高価なものを買う時は当然迷う。ましてや見ることのできないラジオで買うなんて、と思うだろう。そこが日頃馴染んだパーソナリティーの強み。親戚や隣近所の人より身近で信頼できると感じているラジオの○○さんが勧めるんなら買ってみるか、という方が少なくない。

というわけで、ラジオショッピングで『見た目勝負』の商品はよく売れ、返品率はテレビに比べ二けた少ない」

自慢げに説明した担当者の顔を今でも覚えている。

この「信頼感」のおかげで、ラジオショッピングで大ヒットした〝商品〟のひとつが「畳の張り替え」だ。畳の張り替えをしたいけれど、ネットや電話帳で調べた赤の他人の業者が家に上がり込んでくるのは抵抗がある、という人が結構いる。その点、いつも聞いている番組の司会者が「うちのスタッフが、腕の良い、親切な畳職人さんだけを選んで」とお墨付きを与えてくれると、安心して申し込んでくる。

同じように、お宅に上がり込んで作業するクーラーの取り付け、自動洗浄型トイレの設置なども、値段は二の次で、「安心」というポイントを重視して購入する人がいる。

ただし、その信頼を一度裏切ったら、二度と買ってもらえない。それどころか、局そのものに対する信頼を失い、番組も聞かれなくなれば最悪だ。

「本業に悪影響を与えるショッピングなんかやめちまえ」

番組制作部門にこう言われないためにも、ショッピング担当者が最も心を砕いているのはまさにここだと言う。

「畳の例で言えば、選別した畳職人さんに局に集合してもらい、作業時間を守ることから始まって、あいさつ、言葉遣い、当日の服装ほか、技術以外の様々な配慮についても、うちの基準を確認してもらう。無理だという人には辞退してもらう」

「信頼感」はどの企業でもプライオリティーのトップだろう。アロハシャツで通勤しているような社員がゴロゴロいて、いい加減な印象のあるラジオ局も、「信頼感」については譲れない。私が番組の中でショッピングを担当し始めたころ、担当者と局プロデューサーから言われたことがある。

「商品は原則、競合する七〜八社から選抜したものを用意している。我々としては自信を持った商品だけを提供しているつもりだ。だからといって、心にもない感想を言わないで欲しい。美味しくもないものを『美味しい！』、きれいだと思いもしないものを『きれいだ！』などという、場当たりな感想はすぐばれる。むしろ営業妨害だ。大筋の原稿は用意してある。最低限紹介しなければならないスペックはきっちり伝える。しかし、それだけではリスナーの心に伝わらない。正直な気持ちを、リスナーが映像化しやすい表現で、心を込めて話して欲しい。聞いている人が夢を持てるような明るい感じはもちろん必要だ。簡潔に、しかも気持ちを乗せて。リスナーと気持ちが一つになれば、商品は売れる。売ろうと躍起になると売れない。分かった？」

その時は「はい」ととりあえず「即答」したが、実際には番組を数年やって、初めてそのことが身に染みた。

同じことを、注文を受け付けるオペレーターもきつく言われていたことを後で知った。「勧める行為は厳禁。電話受け付けの前に、商品については、あらかじめ食べるものは食べ、使うものは手に取り、品質、スペックなど、質問される可能性のあるものについては事前に渡す文書を読んでおくこと。分からないことは担当者が控えているので必ず直接聞くように」

結局、ラジオショッピングとは、紹介するパーソナリティーと、受け付けるオペレーターが最初のお客さんであり熱心なモニターでもある。双方から「よし！」と言われないものは売れない仕組みになっている。逆に言えば、両者が「これだ！」と思うものは売れる、と言われたものだ。

大先輩の大沢悠里さんもこんなことを言っていた。

「僕は番組で紹介する商品は全て自分で食べ、飲み、使い、ダメだと判断したら放送させないんだ」

悠里さんが東京のラジオの王者として君臨するゆえんはこのあたりにもある。

見えないものをあたかも目の前にあるかのように、リスナーが映像化できるように伝える。そのための言葉選びに工夫する。商品の特徴を、言葉に気持ちを乗せて表現する。しゃべり手はしのぎを削っている。

今日もラジオのスイッチを入れれば、こんな感じのコメントが聞こえてくるはずだ。

「今日みたいな日は、熱いお茶がうれしいですね。そこでお勧めが茶どころ静岡で今年とれた深蒸し荒茶。お茶と財布にうるさい我が家はずっとこれですから。（軽くすすって）あー、これこれ。荒茶は荒っぽいお茶というんじゃありませんよ。一次加工しかしていないから、見た目は不揃いですが、その分お茶本来の味が楽しめるんです。この渋甘いって感じがいいんですねえ（すすりながら）。良いお茶っていうのは飲むと気持ちがしゃきっとします。

で、うれしいのがお値段。二百グラムの筒が八本入って五千円！　テレビのリモコン二つを向かい合わせてくっつけたぐらいの筒が一本六百円ちょっと。でも、そういうレベルの味じゃありません。ほら、いっしょに飲んでるスタッフもみんなうなずいてるねー。どうです、この香り、この鮮やかな緑（見えないし、匂いもしないのにあえて）……」

ネット通販全盛の中、健闘を続けるラジオショッピングから、何かヒントが見つかりましたか？

4　聞き方訓練のススメ

「ちょっと君、例の資料あるか？」という上司の問いかけに、「はい、ありまーす！」と答える部下。返事は良いが、そのままキーボードを叩いて自分の仕事を続けている。気の優しい上司であれば「じゃあ、悪いけど、それ、今ここへ持ってきてくれないかなあ？」と穏便に促すかもしれない。

しかし昔気質といおうか、気むずかしい上司ならそうはいかないだろう。

「君！　それ持ってこいって言ってるんだよ。少しは動け」と、どやされても仕方がない。仕事をするには、言葉の上っ面だけでなく、言葉を発している人の意図を「聞きとり、読み取る力」が求められる。

「君、コピーはとれる？」は「コピーをとってくれ」を意味する。だから「とれます」ではまずい。さっと立ち上がり、素早く上司の元に進み、「はい。どれを何部どのサイズでコピーしたらよろしいでしょうか？」と対応しなければいけない。これは、社会人として最低限必要とされる「聞く力」のひとつだ。

こういう心得を教えてくれる、怖い上司、お節介な先輩が少なくなった。みんな自分の仕事に一杯一杯で、部下のことなんかかまっていられない。下手に忠告するとパワハラだと言われる。それに近頃は部下がいつ自分の上司になるかもしれない。

カウンセラーの仕事はクライアント（相談に来る人）の言葉を聞いてその真意をくみ取り、そこから援助につながるきっかけ（リソース＝資源）を見つけ出すことだ。

ぱっと見は単なる雑談のように見えても、カウンセラーはクライアントの言葉の背後にある本音や感情を読み取ることに集中している。精神分析であれ、来談者中心療法であれ、認知療法であれ、基本は「聞くこと」。
例えば、私がカウンセリング心理学を専攻した大学院ではこんなロールプレイを行った。学生ひとりが年配のクライアント役を演じ、ある言葉を口にする。その他五〜六人の学生全員がカウンセラー役となり、その言葉の真意を探り合う。
クライアント役が「先生はお若そうですがおいくつですか？」と言ってきた。このとき、カウンセラー役が感じ取れるものとしてどんなものがあるかを次々に述べていく。
学生A「こんなに人生経験の少なそうな若いカウンセラーに私の悩みなんか理解できるんだろうかという不安」
学生B「初老期のウツ症状の一環として、若い世代への羨望が現れている」
学生C「自立して家を出て行った自分の子供を懐かしく思い出している」
学生D「カウンセラーのご機嫌を取って早く居心地の悪い状況を脱したいと思っている」
学生E「沈黙に耐えられない気分を訴えている」
学生F「実は自分の事より、カウンセラーと同年代の子供について悩んでいる」
実際の場面では話の流れと相手の表情、しぐさなどすべてを観察しながら判断し対応していくのだが、同じ言葉の奥には多様な意味が存在することをまずは座学で学んでいくわけだ。社会経験の少ない若い学生は結構難航していたのを思い出す。

「読売新聞」(二〇一〇年十月二十九日朝刊)に、「中学生に絵本朗読、『人の話を聞く力』養う」という記事が載っていた。本も読まず、ラジオも聞かず、字や言葉から映像を想起できないから、相手の言っている本意を理解できない中学生、すなわち「人の話を聞けない中学生」を少しでも減らすための苦肉の策のようだ。

紙芝居のようにして先生が子供向けの絵本を読み聞かせているのを熱心に注目し、耳を傾ける、けなげな若者達の写真とともに「人の言葉を聞く姿勢に効果あり」との報告がなされている。こういう「聞く訓練」の運動が広がれば、近い将来、上に記したような、頼りない新入社員も減るのだろうか。

「いやいや、もう手遅れだと思う。新入社員どころか、三十代、四十代の聞く力もひどいものよ」

深刻な実情を語る者がいた。都心で民間託児所を経営している知り合いの女性だ。

「『○月△日に施設をご利用のお子さんはドングリ拾いのピクニックにお連れします。参加するお子さんには水筒を持たせてください』とお話ししたり、プリントをお渡ししたりするの。そうすると三割ぐらいの子供が、空の水筒を持って来るのよ。

普通は、何も言わなくたって、親は、お茶かお水を入れて子供に持たせると思うでしょう？　少なくとも開設した十年前には、空の水筒なんてなかった。今は『水筒には、お子さんが飲むお茶やお水を入れてください』って添えるようにしているわ」

彼女の話はこれにとどまらない。

「託児所の利用契約の時に、お預かりするお子さんの調査票をお渡しするの。例えば、昼利用するお子さんには食事を出すから『お子さんの好きなもの、苦手なもの』という項目なんかも入れている。普通なら、『ハンバーグとスパゲッティが大好き。ピーマンとタマネギは苦手です。アレルギーがありますので、牛乳と卵は避けてください』といった答えを想定するでしょう？

うちはお子さんが喜び、親御さんも安心できるお食事を提供するためのヒントをちょうだいしようというつもりでアンケートをとっているわけ。ところが『好きなものはおいしいもの、苦手なものはまずいもの』こう書いてくる親が結構いるの。嘘みたいで本当の話。答えになってないでしょう？」

これは「察しが悪い」という次元を超えて「知的レベルや教養の問題」とも思えるが、

彼女に言わせると、そうとも言えないようだ。

「うちを利用するお母さん達の多くは、高学歴で高収入の働く女性。古い言い方をすれば『キャリアウーマン』ね。女医さんとか、弁護士さん、公認会計士さんとか。教育熱心だけど、なんせ、ものすごく忙しくて時間がない。朝が早くて帰りが遅い。幼稚園が始まる前の早い時間のうちに子供を預け、その後うちのスタッフが幼稚園に送り届けるサービスを利用している。

幼稚園が終われば、今度はうちのピックアップサービスを利用。子供は幼稚園から英語教室へ直行。お教室からお教室を渡り歩くお手伝いもうちは引き受ける。子供が疲れ果て、うちの託児所に戻った遅い時間に、やっと母親が迎えに来る、なんていうケースも珍しくない。

これを毎日やるとお母さんはお子さんに月四十万から五十万円はかけることになるのね。子供といっしょにいてあげられない分、子供の教育がおろそかになるのを恐れる気持ちが強いからこそ、それだけの出費も惜しまないいんだと思う。でもその結果、流暢な英語で『Yellow』とか『Red』は言えるけど、素直に『ありがとう』の言えない子、リズムに乗ってダンスがうまく踊れるけど、自分の靴箱に靴を入れられない子供ができあがってしまう。

うちでは、そういうことを防ぐために『人間としての基礎』を身につけてもらおうという気持ちでお預かりしているわ。でもやっぱりお母さんとの親密な会話、甘えたりするひとときでしか学び取れないものもあるのよね」

優秀でデキる女性キャリアであり続けるために子供と関わる余裕がない。育児丸投げで払う代償は大きすぎる気がした。ワークライフバランスなんていう口当たりの良い言葉が空々しく聞こえる現実がまだまだある。その結果が「聞けない母親」と「聞けない子供」の量産につながっている。

上司「お客さんにちゃんと話を聞いてもらったんだろうな」
部下「はい、話しました。よく検討すると言ってました（にこにこ）」
上司「そりゃあ断られたんだよ」

先日、評論家の宮崎哲弥さんの番組に呼んでいただき一時間近く「聞く、話す」について語り合う機会があった。その中で宮崎さんは、ハイコンテキスト社会（隣近所や働く場で、情報を共有する度合いが高い、アジア型社会）からロウコンテキスト社会（ツーといえばカーとはいかない、互いの文脈を共有出来ない西欧型社会）への移行に伴って、日本人の〝察する力〟が衰退した、という話をされていた。「中学生にもなって絵本で読み聞かせ⁉」と驚いている場合ではない。英語学習や専門知識を詰め込む前に、我々大人も日本語の「聞き方訓練」を始めたほうがいいかもしれない。

5　最強のホメ技とは？

矢沢永吉さんはコンサートを終えると、舞台袖に戻りスタッフに「俺どうだった？」と尋ねるのが常だという。この話を聞き、矢沢さんのことがさらに好きになった。答えはいつだって「最高！」に決まっているが、あのＹＡＺＡＷＡでも人の評価を気にして不安を覚えることがあるという事実にうれしくなったのだ。永ちゃんだって「コンプリメント」で癒やされたいのだ。え？「コンプリメント」とは何かって？

矢沢「今日の俺、どうだった？」

スタッフ「あ、すいません。僕、最後のバラードで、気がついたら泣いちゃってて。お客さんもみんないつもより高くタオルを上に放ってたのが見えました？　今日は、矢沢さんのそばにいられるのはこんなに幸せなんだって改めて感じました。ありがとうございます。あ、お疲れ様でした！」

矢沢「よし！　また明日、がんばろうぜ！　よろしく」

右のスタッフのコメントが「コンプリメント」の一例だ（もちろん想像上の会話）。「コンプリメント（compliment）」とは辞書的な解説では「賛辞、表敬」（『ジーニアス英和辞典』）。ただし、本稿でいうところの「コンプリメント」とは、最近話題の心理療法、ＳＦＡ（Solution-Focused Approach：解決志向ブリーフセラピー）における最強の武器のひとつ。簡単にいえば、人を勇気づけるのに多大な効果を発揮する「ほめるワザ」だ。評価し、賛同し、敬意を表わし、労苦をねぎらう。お世辞、お追従とはまるで違う。「五感を総動員して観察し、相手の心に響くフィットした真実のほめ言葉」のことを言う。「コンプリメント」とは、人を励まし、自信を与える、魔法の言葉である。

先日、浪花のモーツァルトの異名を取る作曲家キダ・タローさんとお話をした。音楽生活六十余年。八十歳を過ぎても肌の色つや、声の張り、軽妙な話術はいささかの衰えもない。「かに道楽」のCMソング、「プロポーズ大作戦」のテーマ曲など誰もが聞いたことがある曲を多数手がけており、これまでに作曲した数は一万とも二万とも言われる（本人も正確には把握できていない）。

そのキダさんですら、録音に際しては常に緊張するのだという。

「CMソングなんかはものすごく考えますよ。商品を売るための曲を依頼する会社の経営者は、その一曲に命を賭けてるんですからね。こっちも命賭けで知恵を絞ります。で、いざスタジオで録音という時、スタジオの外にぎょうさん人が来はってね。ガラス一枚隔ててレコーディングしている私はもう、その人らが何とおっしゃっているのか、気に入ってるのかいないのか、もう気になってしょうがないんです。首かしげたり、怖い顔したりしているのを見ると、こりゃあだめだったかなとものすごく不安になる。すべて終わって、うちひしがれた思いでスタジオの外に出るでしょう。そこで、『さすが！　最後の印象的なメロディの繰り返しなんか、もう、うちの商品のイメージにどんぴしゃり。キダ先生にお願いしてよかった！』なんて言われて、初めて心の底からホッとするんです。でもそれなら、あんな怖い顔せんで、笑いながら楽しそうに聞いてくれていればいいのになあ、といつも思いますね」

キダさんのお話、実に共感できる。要するに、終わってから「コンプリメント」してくれるのは大変ありがたい。一方で仕事中に不安な気持ちにさせるような行動はやめてほしいということだ。

テレビやラジオの番組でも、初回の収録となると、制作部門のお偉いさんはもちろん、普段顔を見せない局の営業だの編成だのに加え、スポンサー、代理店その他、やたら大勢の人がやってきて、神妙な、または心配そうな顔をする、なんてことがあった。

面白いことを言ってもクスリともしない硬い表情を見ると、出演者や演出担当者の不安が募り、番組に決して良い影響を与えない。そこで現在では、関係者は出演者達から見えない別室で険しい顔をしながらモニターを見守っているケースが多いようだ。

同様な場面を経験した方もいるかと思う。大事な会議やスポンサー相手のプレゼンに、上司が大挙押し寄せて、心配そうな顔で腕を組む、ため息をつく、うつむく。

「変なプレッシャーをかけて、俺のプレゼンを失敗させたいのか！」と怒鳴りたくなるだろう。意図していないとはいえ、結果的に、動作や表情で出演者達、現場で働く者に不安や緊張を与えることは、仕事を成功させる上ではマイナスだ。

本番では会場のだれよりも仲間内が笑顔でリラックスした表情を浮かべ、プレゼンを楽しみながら「ウケて」あげなければいけない。そして担当者が壇を降りてきたら、まずは「コンプリメント」でねぎらう。

「歩き始めでつまずきそうになったのは、受けたなあ（コンプリメント）。演出？　あれで空気が一気に暖まった（コンプリメント）。声もよく出ていたぞ（コンプリメント）。じゃ、細かいところはまたあとで、お疲れさん（笑顔のコンプリメント）」

ここでSFAの説明をしておこう。なお、私のSFAに関する知識は、「まえがき」でもご紹介した森俊夫東京大学大学院助教の「解決志向ブリーフ療法ワークショップ」に負っている。興味のある方は森先生の本などを読んで欲しい。

SFAにおいては、問題の原因を過去に遡って探り出して、そこから解決の糸口を発見しようとはしない。だから過去の出来事や失敗を根掘り葉掘り聞くことは一切しない。原因を取り除けば問題は解決するという考え方に依っていないのである。過去ではなく、未来に焦点を当てる。未来の、既に問題が解決しているイメージにつながる材料（リソース：問題解決のきっかけ）を探り当て、気づかせ、短期間に素早く解決に向かう方法をいう。

私の参加した森先生の講座の受講者は十余名。教育や医療関係者はもちろんだが、ビジネス分野からの受講者も少なくない。

この技法は、観念的な「ポジティブシンキング」とはまるで違う。理論的背景がしっかりしていて、一つひとつの技法が多彩で具体的。何からどう始めたらいいかについて細部にわたり研究がなされ、さらに発展的なことが特徴だ。

たとえば「電信柱と北極星」という技法は、小さな、確実に達成可能な目標を設定し、次々クリアするうち、ゴールに近づく技法。「例外探し」とは、「自分はいつもこうだ」と自虐的になっている人の「いつも」を、重箱の隅をつつくようにして「いつもではない」ことを発見するために徹底追求するという技法。

「ミラクルクエスチョン」という技法は、「ある朝目覚めたら、奇跡が起きて問題がすべて解決したとする。そのことにどういうことからあなたは気がつくだろうか？」という既に問題が解決されたイメージを噛み締めることから「できている自分」を発見するというもの。使用する技法を挙げればきりがない。

今回取り上げた「コンプリメント」も数ある技法のひとつだ。「仕事でドツボにはまり、身動きできなくなったビジネスパーソン」の「ネガティブな訴え」をも、問題解決のリソース（きっかけ）として「コンプリメントしてしまう」。実際に見てみよう。

「口下手とあがり症のせいで、これまで何度練習してもプレゼンがうまくいったためしがありません。ご存じのように同期は次々新しい仕事を任されているのに自分は何の進歩もなく、同じ仕事をやらされ続けている。何とかしなければとセミナーを受けたり、ビジネス書を買ったりしても、みんな言うことが違っていて、混乱するばかりです。先輩！　僕どうしたらいいんですか？」

まずは、こう答えたら後輩はあなたに二度と相談を持ちかけないという例から。

「本当に口下手だなあ。お前、一人っ子で甘やかされたんじゃないか？　大体お前なあ、もう入社して二年。その間、自分がどれだけ努力したかじっくり反省した方が良い。それからお前、性格が暗いんだよ。だから他の部署からも声がかからない。セミナーだのビジネス書だのぐずぐずする前に、その性格から直せ！」

ま、こんな先輩に相談する後輩はいないかもしれないが。では、こういう先輩なら一生ついて行きたいなあ、と思わせる例を。

「口下手であがり症？　実は俺も本質的にはそうだよ。セブン&アイ・ホールディングスの鈴木敏文会長もそうだって、本に書いてあった。口下手は、見方を変えれば、まじ

めで木訥《ぼくとつ》っていうことで、そう評価する人も多いんだって。これも才能なんだよ。それって、結構凄い！（コンプリメント）

でもそれに甘んじることなく練習してる、君は偉いもんだね（コンプリメント）。練習してうまくいったためしがないって言ってるけど、ほんの少しでもうまくいった瞬間はなかった？　思い出してみて（例外探し）。

え？　朝礼の時、ちょっと受けたことがある？（例外発見！）上出来じゃん（コンプリメント）。知らないうちに成果が上がっている。そういうところって自分では見えない、というか、見ようとしないもんなんだ。同じ仕事ばかりって嘆いているけど、同じ仕事を任されているということは、その部署には無くてはならない存在になってきているんじゃない？（コンプリメント）

セミナーやビジネス書か。勉強熱心なんだね（コンプリメント）。混乱してるって言うけど、そうやって知った、いろいろな知識を整理すれば、今後大いに武器になると思うよ。うかうかすると俺が抜かれるなあ（コンプリメント）」

この先輩は後輩の「ネガティブ」に見える部分をも「問題解決のリソース（きっかけ）」としてとらえ「コンプリメント」を次々繰り出す。前者の先輩のように、問題の原因をねちねち詮索し、性格にまでイチャモンを付けたら、言われたほうはやる気を失う。

こてんぱんにやっつけることが目的ならいいが、後輩をより優れた戦力に育て上げるにはあまり効果は期待できない。それより「コンプリメント」で「勇気づけ」「自信を持たせ」「やる気にさせる」ことのほうに分がありそうだ。

もちろん、実際には「ヨイショしまくり」な人など存在しないだろう。当然、しかるべき助言、注文を伝えながら、苦言も呈しつつ、ということになる。ここでは、こんな風にビジネスシーンでも「コンプリメント」は使えますよ、という、ちょっと極端な見本として提示してみた。

6　口下手はいいけれども口無精はだめ

「口下手のしゃべり」で感動するとは！　映画「英国王のスピーチ」を観るとそんな感想を持つだろう（以下、ストーリーに触れます）。

エリザベス女王の父親、ジョージ六世は、幼い頃から吃音《きつおん》で、人前でしゃべることが何より苦手。厳格な父で国王のジョージ五世は口下手で内気な性格を矯正し、人前で堂々と話せるようになれと責め立てる。しかし、そのことが、かえってジョージ六世の「口下手」を悪化させる。

せめてもの慰めは次男で王位を継承する必要もなく、自分の姿を一般に広く知られぬまま生涯を全うできる事だった。ところが様々な事情から兄が王位を捨て、自分が後継者となってしまう。そして第二次世界大戦が勃発。国民の心を一つにするうえで国王のスピーチ力が何より求められた。

彼をさらに追い詰めたのはラジオメディアの急速な発達。英国国民はもとより、彼のスピーチはBBCを通じ、世界中に放送されてしまう。彼の言葉に全世界が固唾《かたず》をのんで聞き入るはずだ。この難局を乗り越えることができたのか？

さて、王様でなくとも、口下手で人知れず苦しむ人は多い。「人前で話すのが大好きでたまらない」という人の方が珍しい。私の周囲にも吃音で悩む者が少なからずいる。あるFD（フロアディレクター）さんもそうだった。仕事柄、ディレクターからインカム（有線の通信端末）で出された指示を出演者に素早く手短に伝えなければいけないのだが……。

「か、か、かじわらさん、か、か、上手に、い、移動して、く、ください」

でも、こういう人は意外にも愛される。言葉一つひとつに心がこもった、一生懸命な一途さが出演者の共感を呼ぶのだ。吃音者の発する言葉には「訥々とした説得力や誠実な人柄」があふれている感じがする。ちゃらちゃらしゃべる「口上手」より「口下手」の方が好感度ははるかに上だ。

東京大学大学院教授の姜尚中《カンサンジュン》さんもかつては吃音に悩んだとおっしゃる。沈着冷静、無駄のない、吟味された言葉が発せられるのは、そんな体験があったからだと思う。人の話をきっちり聞いて受け止める。話す「間」、時に「沈黙」さえもが「凜《りん》とした人柄」を思わせる。実はこれも吃音体験と無縁ではない気がする。

「お前、自分が達者にしゃべれるからと上目線で口下手を持ち上げているんじゃないか？」

そう思う人がいるかもしれない。しかし私は元来、内気で人見知り、あがり症だから、テレビでもラジオでも、講演でも、毎回逃げ出したい気分になる。なまじプロを自称するだけに「当意即妙に、気の利いたことを言いたい」という、よこしまな気持ちがプレッシャーになり、緊張を増幅させる。それで何度も失敗して呆れられたりしている。それでもなんとかこの商売を続けられているのは、内気もあがり症も年季が違うからかもしれない。

今では、頭が真っ白になり、舌がもつれ、話す中身が飛んだり、舞い上がったりしても、どこかで「仕事なんだから必ず終わりの時間が来る」と、醒めたもう一人の自分がささやいてくれるようになった。仕事という役割を背負っているんだ、という客観的な視点をもてると救われる。プライベートな会でいきなり「何か一言！」などと言われると、あたふたしたまま めちゃくちゃになることがある。こういう場面では、私という個人を俯瞰してくれるもう一人が現れてくれないからだ。

私に限らずアナウンサーには意外と人見知りが多い。

赤面恐怖症、対人恐怖症、内気、あがり症を克服する手段として、学生時代アナウンスサークルに入り、それをきっかけとして放送業界にすみついたという話は決して珍しくないのだ。「口下手」は悪くない。むしろそれを自覚できている人はまじめで、努力家で、謙虚で誠実で真っ当な人なのである。ジョージ六世も、「口下手」に正面から誠実に向き合っていた。だから映画は感動的になったのだ。

そうは言っても、現にそれで身動きができないぐらい苦しんでいる人がいることも事実だ。「内気」「口下手」は、撃退すべき欠点とは思わないが、そういう自分を客観的に認め、仕事やプライベートに支障が出ないための対処法は考えておいた方が楽だと思う。

大先輩にあたる元NHKアナウンサー塚越恒爾《つねじ》さんは「口下手でも口無精になるな」とおっしゃっている。これは至言だと思う。「口下手でもいいじゃん」とおごった気持からは「口下手の魅力」は出てこない。

話をもっと具体的にしよう。口下手が口無精にならないために注意することとして次の五つが挙げられる。

①話す相手に関心を持ち続けること

口下手だと、相手の質問に上手く答えられないという不安が湧いて当然だ。不安を感じると相手の話から遠ざかりたいという気持ちになって気もそぞろになりがちだ。そういう気持に限って以心伝心、相手に届く。相手はあなたの無関心ぶりにいらだったり、愛想を尽かしたりしてしまう可能性がある。そうならないためには、話す相手の表情や話の内容をしっかり読み、聞く。その意図を把握する。意味を嚙み締める。

気の利いた答えを返そうなどと思う必要はない。聞き取ろう、読み取ろう、という姿勢、反応が相手への心地良いメッセージとして伝わるものだ。頷《うなず》き、大げさでない相槌。相手の話の世界に入り込めば、ちょっとしたあなたの表情、目の動きで、相手の喜びや悲しみ、訴えや怒りに共感的に反応できる。

それだけで相手は「理解してもらえた」という満足感を持ってくれる可能性が高い。「傾聴と観察」を武器にしよう。

②具体的な返答は短く

「で、君はどう思う?」と聞かれたら、聞いた風な評論家的言辞を弄してはならない。いったんお腹に空気を入れるよう、深呼吸するぐらいの間を開ける。同意するなら「そう思います」、同意できない場合は「私には答えが見えません。すみません」。この程度の短い言葉を、考えながら、ゆっくり口にすれば十分だ。「気の利いたこと」を話し手は求めていない。主役は話し手だからだ。

答えるに際しては、相手の問題が、あたかも自分の問題であるかのようにイメージしながら、考えるよう心がけること。

③メッセージを伝えたいときは「何を、何の目的で」を確認してから

頭の中で自分と対話して、現在何が起こっているか、何を口にすべきか、自問自答。結論が出たところで言葉に出す。

自分の「間」や「沈黙」が「鈍くさい」と思われることを厭《いと》わない。愚直なまでの素朴な物言いがあなたらしい信頼感を相手に与える。メッセージが相手の心にストレートに届くはずだ。ぶっきらぼうなぐらいがいい。話の流れに身を任せ、ぺらぺら一見巧みにしゃべっているような饒舌は相手に届かない。

「言葉を届けようと努力する姿」をそのまま見せる。

④例外を探してみる

ここからは映画「英国王のスピーチ」が描く処方箋だ。映画に登場する「スピーチセラピスト」は吃音で悩む王様が吃音に陥らない「例外的場面」を探し当てる。

歌を唄っているとき。独り言をつぶやくとき。わいせつな言葉で人を罵るとき。王様の口から言葉が流暢に出てくる。

「自分はあがり症で、内気で、口下手で」と愚痴をこぼしている人も、奥さんの前では

結構おしゃべりだったり、親友とのカラオケでは堂々としていたりするものだ。その感覚を呼び覚ますことは「あがり症克服」に大いに役立つ。あなたも一度自問自答して「例外」を探してほしい。

⑤話しかける相手をイメージする

国王は議場に集まるＶＩＰ、教会の群衆、全世界で聞く英連邦の全国民に向けて話をすると思うから余計にあがり、吃音も酷くなる。「スピーチセラピスト」はラジオで演説をする国王にこう告げる。

「マイクの前に私が立つ。目の前の〈友人〉である私に話しかけるつもりで原稿を読め。私と話すときあなたは雄弁だ」

これはラジオパーソナリティーの基本でもある。マイクの向こうには何十万人、時には何百万人がいる。だからといって「みなさーん！」と話しかけることはしない。たった一人の、親しい「あなた」に向けて話す。聴いている側にとっても「自分だけに話しかけてくれている」という親密感が湧くし、話す側も、群衆を前に話すのだという変な緊張を強いられないですむ。

何十人の、何百人の取引先、関係者を前にプレゼンだ！　と思えばびびったり、あがったりするのは当然だ。ところが、職場の親友に、信頼する上司に、妻に、恋人に、その人ひとりだけに向けて話しているのだと思えば無用な緊張は大分弱まること請け合いだ。

映画の結末は書かないので、ぜひご覧いただきたい。

7　ネット動画での作法

「最近は一般の人が動画コンテンツでプレゼンすることがごく当たり前になった。『プロの目』から、パフォーマーとしての心得みたいなものを助言してほしい」

こう言ってきたのは、「日経ビジネスアソシエ」の記者だった。

ちょっと前までは「自慢の猫ちゃんとじゃれる飼い主」みたいなお遊びものの映像が多かったネット上も、最近は、新製品を開発者自身が真剣にプレゼンする大まじめな映像コンテンツが増えてきた。

「素人の作ったものは決定的に音声がダメ。声が反響してはっきり聞き取れない。画像が勝負、と言われるユーストリームも、実際にはパソコンで作業しながらラジオのようにしゃべりを聞いて、面白そうな時だけ映像を見たい、という要望が強い。だからテレビではなくラジオだと思って音声をしっかり作った方が良いのだ」な～んて説教臭い話は時代遅れという嬉しい状況が広がりつつある。そのことを理解しつつもあえて動画制作者の方に申し上げたいのは、音質もコンテンツの一部と心得て、クオリティの向上を心がけて欲しいということ。

コンテンツの質を左右する上で「音声」の比重は思った以上に大きい。動画でのプレゼンでは、まず「音声」がクリアかどうかを確認してほしい。実はこれと同じことをポッドキャスティング登場の頃にも言った覚えがある。

ラジオ出身アナウンサーだから言う訳ではない。「見た目」同様「聞こえ」は大事だ。ポッドキャスティングの初期にはかなり酷い番組がいくつもあった。手近な喫茶店で収録したからか、周囲のざわつきや洗い場でお皿がガチャガチャいう音ばかりが耳に障って内容に集中できない代物も少なくなかった。

さすがに現在、映像コンテンツとしてネットに流れているプレゼンの状況は格段に改善されてきている。十万円台で放送に耐えられる映像が撮れるカメラがある。音声は、たとえ自宅や会議室をスタジオ代わりにしていても、壁や机に反響防止のために厚い布を張り、各自がピンマイクを使い、チャンネルごとに音声を調整するケースが増えてきた。

もしまだそうしていないという関係者がいたら、是非試してほしい。番組のクオリティが格段に上がるはずだ。大してお金はかからない。このような努力を重ねれば、機械的な問題だけに限れば、まもなくテレビ局もうかうかできない段階に入ることが期待できる。

さあ、前置きが長くなったが、実はここからが本題。最大の問題はしゃべり手のパフォーマンスである。

もちろん私なんかよりずっと魅力的にしゃべる「一般の人」も少なからずいることは承知している。だからこれは一般論として語っている。放送で「プロ」はどんなことに注意してカメラやマイクの前に向かっているのか？

①レンズを「恋人」と思って話す

動画プレゼンでは、カメラをカメラだと思ってしゃべっている人が多い。でもカメラはしゃべり手の話しかける「お客様」であり「仲間」でもある。

ありがちなのが、カメラのレンズをひたすら見て話すという失敗。レンズを見るのが基本だろう？　と思うかもしれないが、単純にそういうわけではない。たとえば出演者が二人で話すのに、二人ともがレンズをずっと見て喋っていると、どこか他人行儀な雰囲気になってしまう。しかも見ている側は詰め寄られているような気分にもなる。

これは出演者がレンズを「モノ」としか感じていないからだ。テレビのニュースを思い出していただきたいが、キャスターは互いに視線を交わしたり、レンズのほうを見たり、ある程度視線を自由に動かしている。

レンズは、自分の話し相手やお客さんそのもの。本来なら、うなずいたり、驚いたり、そりゃあ違うんじゃないの？　と疑問を抱いたりという、人間的な反応を示しているはずだ。そんな話し相手を無視したり、目が泳いだり、有無も言わせず一方的に怖い顔をして話す人はプレゼンでも合コンでも嫌われる。

②必ず「尺」を意識すべし

動画プレゼン番組は時間制限がない。これをテレビやラジオに比べると「強み」だと考える人が多いようだが、そうとも言えない。時間の縛りがないということは、いいようで悪い。

文章は制限がないとだらだらしてしまう。字数制限が文章を洗練させるように、時間制限も話にテンポや緊張感を与えるから伝わりやすくなる。話す時にはストップウォッチを用意する癖をつけたほうがいい。

③リハーサルは必須

「タレントじゃあるまいし、大げさな」「気楽にふらっとできるのがネットのいいところ」という意見もあるだろう。なんとなく気恥ずかしいのかもしれない。しかし、天才でもない限りリハーサルをやるべきである。

大事な会議やプレゼンテーションを控えてのリハーサルは珍しくない。ネット配信でも同じこと。展開によっては数万、数十万の人の目に晒《さら》されてもおかしくないのだから、リハーサルをしないことのほうが不自然だと思う。

④「一見、フリートーク」でも台本は必要

世間の人は、テレビのフリートークは台本なしだと思い込んでいるフシがある。しかし実際はほとんどの場合、台本が存在している。

以前、私がタモリさんと司会したＵＦＯ番組では、「放送中に宇宙人がやってくるバージョン」と「やってこないバージョン」の両方の台本が用意されていた。もちろんそれをそのままやるのではないし、その通りにならないほうが面白いに決まっている。

しかし、たたき台としての台本が無いと、どこをどう崩したらいいのか、どこまで脱線し、はじけて良いのかも分からない。

台本があって、リハーサルをして、本番はそのことを一切感じさせない。全く想定外の展開は、基本があるからこそ自在に対応できる。私は一分間の挨拶でも瞬時に頭の中で台本を作ってシミュレーションするようにしている。

以上が編集者と話しながら考えたネット動画における注意事項である。「素人臭さ」「手作り感」は往々にして作り手の自己満足に過ぎない。せっかくビジネスでやるのならば、愛猫自慢の動画と同じになっては意味がないだろう。

8　毒になる数字、薬になる数字

「月五百円、ワンコインですよね。これを配信料として仮に一千万人から受け取ったとすると、年商いくらになると思います？」

まだ収監される前、堀江貴文さんと話をした。彼の口からは、時折こういう具体的な数字が飛び出す。

「いくらですか」

「月五十億円で、年商六百億円。準キー局である大阪のテレビ局の売り上げとそう変わらないでしょう？　これに別途イベント事業や広告収入を加えて一千億にすれば、もうテレビ東京規模です」

こういう具合に数字がぽんぽん飛び出して話が実に具体的だ。ライブドア事件についても、宇宙開発事業についても、「大変だった」「凄かった」「男のロマンだ」などと曖昧な言い方は一切しない。すべて数字の裏づけと共に具体的に話す。こういうのを「頭のいい、仕事のできる人の話し方」と一般に言うのだろう。

話の上手な人には「上手な数字の見せ方」の技を持っている人が多い。

以前、テレビ局の友人に「最近、しゃべりで感心した人って誰？」と聞いた時に、彼が名前を挙げたのは、宇宙飛行士の山崎直子さん。さっそくそのトークを拝見したが、確かに素晴らしい。魅力のひとつは、話の中にさりげなく正確なデータが簡潔に織り込まれている点だ。

山崎「昔はフリーズドライかゼリーをチューブで、というイメージだったと思いますが、今では二百種類を超える様々な形の宇宙食があります。各宇宙飛行士は滞在期間中食べるだけのメニューを事前に選び出せるんですね」

司会「熱いお茶なんかもストローで飲むんですか？」

山崎「緑茶、コーヒー、紅茶など、熱くして飲みたいものは温度を七十度ぐらいにちょっとだけぬるめにするとストローでもそれなりに美味しくいただけるんですよ」

雑談の中に、嫌み無く、数字や裏付けになる科学知識が混ぜてある。「数字と裏付け」というと、どうしても「理屈っぽい話」になりがちだが、そうならないように、聞き手の立場に立って、専門用語や数字にはさりげなくわかりやすい言い方を加えるよう心がけているのが感じられる。

我々も見習いたいテクニックだ。

司会「宇宙ステーションってどのくらいの大きさなんですか？」

山崎「横百メートル、奥行き七十五メートル、だいたいサッカー場の大きさぐらいですね。場所は地球から四百キロ上空。東京から大阪ぐらいの距離。意外と近いでしょ。明け方や夕方は地上から皆さんも見ることが出来るんですよ。ちょうど飛行機の速さぐらいに見えますが、実際には秒速八キロ。音速の二十五倍、マッハ二十五ですから、結構速いんです。九十分で地球を一周しますから四十五分ごとに昼と夜が交互にやって来ることになるんですね。ですから宇宙飛行士が寝る時はアイマスクが必要なんです」

　こういう説明なら、テレビの画面を見ずに台所仕事をしながらでも想像しやすい。もちろん親しみやすく見えても、宇宙飛行士はみなさんスーパーエリート。そう簡単に真似られる技でもないだろう。

　さて、「数字」と聞いただけで「苦手」「うっとうしい」と思う私も、実は例外的に数字を用いる場面がある。毎週金曜、神楽坂で行っている相談室でのカウンセリングだ。最近は、学校の先生が生徒の相談に乗るときにも使っているそうだ。

認知行動療法などでも使われる「スケーリングクエスチョン」という技法がある。

　例えば、こんな具合。じっくり話を聞いて、相談者の硬い心が開いてきたところでこんな質問をしてみる。

「最悪だった時の気分を一として、悩みなんか全部なくなっちゃった時の気分を十とすると、今は何点ぐらいかなあ」

「うーんと。四点ぐらいかなあ」

「一点だったのが今は四点になったんだ！　凄い。三点も増えたのはどういうところからそう感じられたのかな？」

「ここにこうやって来られたし、うーんと、前は学校に全然行かなかったけど、今は午前中は保健室まで行っているし、先生もほめてくれることがあるから」

「凄いねえ！　ほかには？」

「給食も少し食べられるようになった。宿題も保健室の先生と一緒にやってる、かな」

「わー、えらいねえ！　それで四点なんだ。じゃあね、その今の四点を〇・五上げて四・五点になったら、どうなっているかなあ？」

「えーと。みんなのいる教室に行けるようになっている、かなあ。この間ちょっと授業中外から覗いた」

「すごいねえ。そのとき、どんな気持ちがするかなあ？」

こういう会話をするうちに、生徒が「何もできないダメな自分」から「結構できている自分」に気がつくと気持ちはぐっと前向きになる。

このように、思考を変えるときに活躍するのが、気分を数量化（数値化）する「スケーリングクエスチョン」。具体的な「見える数字」を提示しながら「できている自分」「解決している自分」という面に焦点を当てる。実現可能な小さな目標をクリアしていることを数字の上昇で実感させる。

これを小刻みに何度も繰り返し、達成感を体験させる。その中から徐々に解決のイメージが見えてくる。これを粘り強く行っていくうち、気がついたら大きな目標に向け前進していた。これが理想的だ。ここでのポイントが具体的な「数字」を上手に使うことだ。

職場でも数字は有効だ。

「もっと頑張れ！」「前へ進め！」「結果だよ、結果！　結果出せよ！」

こう言われても部下は戸惑うばかり。何をどのように頑張ればいいのか？　前へ、とは、どこまで進んで何をどうすればいいの？　どういう結果をどのレベルで、いつまでにどういう形で出せばいいの？

部下の不安は募り、やる気はしぼむ。

尊敬される上司は次のような具体的な話し方をするものだ。

「本社の都合で、約束の納期が二日早まった。すまないが、この一週間は残業覚悟で臨んでほしい。配送の応援部隊は招集した。これで全体の四割はカバーできる。山本と小林は電気系統の最終チェックを前倒しで。これが済めば残りは三割。鈴木は私と一緒に、申請書類を揃え、梱包の確認を急ぐ。この作業が二十八日午前中までに終了すれば納品はぎりぎり間に合う。目指す成果が得られるかどうかは、我々の正確で迅速な連携プレイにかかっている。間に合えば、今期の売上目標を百%達成で社長賞だ。何か質問は？」

こういう「具体的な指示」が無用の混乱を防ぐ。自分たちが全体の工程のどの部分に携わっているのか、何をどうすることで自分の役割を全うできるのかが分かればモチベーションもアップする。「もやもや」も解消される。

日頃の仕事を通じて「数字は苦手だ」「数字は鬱陶しい」と感じている読者も少なくないと思う。私もできれば数字で比較され、管理されるのはごめんだと思う。

しかし、その数字も使いようだ、という気になっていただけたら、この項を書いた意義も少しはあったかもしれない。これを読む前のあなたを十点満点で五点だったとすると、今のあなたは何点ですか?

9　下戸のための酒場遊泳術

長年の愛飲家だった私が、酒をやめたのは二〇一一年のこと。医者に止められたのでもなく、お酒が原因の大失敗があったわけでもない。母の死、父の介護、バイク転倒事故によるけが、そして東日本大震災。「計画停電」や「津波対策」による介護負担の高まり。あっという間に時は過ぎ、気が付いたら酒を飲まないまま夏を迎えていた。

「そろそろ被災地応援の意味を込め、大好きな東北の地酒でも飲もうか」

心に若干の余裕が出てきたのがその時期だ。そして自分の体の変化に気づいたのも同じ頃だった。

「体重が減った! ウエストが四~五センチ細くなっている!」

これは、心労のせいでも体調悪化のせいでもない。

健康診断に行ったら医師に言われた。

「何か体にいい事でも始めたんですか？」

「いえ、特に。この半年、あまりいいこともなかったですし。そうだ、強いて言えばお酒を飲まなかったことぐらいですね」

「それ、大きいかもしれません。中性脂肪、コレステロール他、問題点はすべて改善されています。ご自分ではどんな感じですか？」

「確かに、足のけがを除けば実に身体も気分も快調、です」

「じゃあ、しばらく節酒を続けるのもありですかね」

特段、医師が「やめろ」と言ったわけではないが、背中を押したことは間違いない。飲酒再開で数値が戻り、医師に「やっぱりね」と言われるのも悔しい。それにテレビ出演用に衣装を揃えてくれるスタイリストさんに「これで梶原さんに着てもらう服の選択肢が増えました」と喜ばれたのもいいプレッシャーになった。

そうこうしているうち、鍋と熱燗のおいしい冬が近づいてきた。飲みの誘いも増えてくる。しかし、アルコール依存症でもないのに、一度飲んだら元の木阿弥のような気がして、あれこれ理由をつけて断ってしまう事が増えてきた。私はもうじき「付き合いの悪い奴」と呼ばれそうだ。自営業者にとっては致命的な汚名だ。

「お酒を飲まないプロ」＝「下戸」の皆さんは日頃、このような問題にどう対処されているのか知りたくなった。そこで、心当たりの知人にインタビューし、さらにツイッターで呼びかけて体験談を募集した。多くの皆さんのご協力のお陰で意外な事実が明らかになってきた。

三十代後半、最近まで営業職だった男性Aさんの話。

「下戸は営業活動には不利でしょうね。酒席に誘われる率が、下戸ゆえに少なかったかもしれません。

飲むことができない分、お客様のお話にはしっかり集中して反応することを心がけました。具体的には頷き、相槌、笑顔、適切な質問、傾聴ですね。こちらは酔っていませんから、お客様が時間の経過と共に、徐々に本音を語りだす場面が感じ取れる。そこにはお客様からの宿題が提出されていることがあるんです。それをぬかることなく受け止め、翌日お礼のご挨拶の中にさり気なく織り込んでお伝えするようにしています。下戸の武器は『誠意』しかないんです」

Aさんは下戸をハンデとしたうえで克服しようとしたのだが、下戸は武器だ、という強者《つわもの》もいた。四十代の広告代理店勤務バツイチ男性Bさん。彼はもてることで有名だ。

「一滴も飲めないのは、僕のような男には最高の武器ですよ。酒の席には酒好きが行くと勘違いしている人がいるようですが、そればかりではありません。私はおしゃれで、華やかで、頭のいい女性がそこにいるから行くのです。いい女の宝庫＝バトルフィールドなんです。

酒飲みが酒でドーパミンを発生させるように、我々女好きの下戸は、酒なんか飲まなくたって酒場に入っただけでドーパミンが吹き出すようになっているんです。飲酒の場で酒が飲めない立場は、話し相手に絶好の突っ込みどころを提供します。いじりどころを与えるんです。

相手はいろいろ質問してくるものです。普通のコミュニケーションでは、こういうふうに話しかけてもらうまでが大変なんです。

『こう見えても、お酒と女性にはまるで不器用で』なんていうと『実はまじめな人かも？』と警戒を解いてくれる可能性が高いですね。酒が飲めない人は人付き合いに苦労するかわいそうな人、という偏見を逆手にとって、相手に優越感を与えると好感度アップまちがいなし。接待にも女性とのお付き合いにも断然有利。

さらに下戸が飲み会に参加する最大のメリットは、帰りに車の運転ができること。取引先だって、楽しく飲ませてもらって、車で自宅まで送ってくれる人に嫌な感情を持たないでしょう？　『自分たちばかり飲んで食べて楽しんで、何だか申し訳ない。この借りは返さなきゃあ』なんて思ってくれるかもしれません。

ついでに女性を送る場面を想像してください。向こうは気分よく酔って警戒心が解けている。そのテンションにきちんと合わせながら素面の冷静な判断で、会話のやり取りを楽しむ。その日はなんにもしないで笑顔で見送ると、翌日電話がかかってきたりしますよ。その後のデートも車ですから、いろんなチャンスが出てくるでしょう？」

この人は仕事熱心な営業マンなのか単なるジゴロなのかわからなくなってくるが、ものは考えようだという見本と受け止めたい。もっとも、このレベルに達するための技みたいなものもあるのではないか？

「そりゃあそうですよ。酒を飲めない自分が大好きな酒場に誘ってもらうには、その場を心から楽しんでいる様子が、外からも見えなければなりません。楽しそうな奴に見えるために努力めいたこともしました。

例えば、おしぼりや楊枝を使った手品とか、王様ゲームが流行った頃は、その盛り上げ方を研究したり、カラオケの替え歌を微妙に音程外して歌う練習したり。喜ばれる自分の状況を客観的に知っておく。何より大事なのは相手の酔いのペースに合わせて、自分のテンションを調整するという基本姿勢です」

なんだ、やはり下戸がモテるのには、結構な努力が必要だと分かる。私にはとうてい無理な気がしてきた。これならできそうだ、と思ったのは、江戸家猫八さんの対人関係の秘訣だった。下戸である猫八さんは、お客様をもてなすために、ノンアルコールビールを置いてあるなじみのお店を幾つか決めているそうだ。その店には予《あらかじ》め、自分の座る位置を告げ、お客様と同じジョッキに自分だけノンアルコールビールを生ビールに見えるようしっかり泡立てて、素早いタイミングで運んでもらうようにしておく。「まずはカンパーイ！」と賑やかに宴会開始。上手に料理と話を進めれば、お客様には余計な気遣いをさせなくてすむという趣向だそうだ。

酒を飲まずに酒場に足を運ぶには覚悟がいる。やはり何も考えずに飲んでしまったほうが早いのか……。

第4章　印象は口と舌で変わる

1　ダメ出しの作法

「上手いダメ出しってあるのかな?」

社の内外から、様々な企画が持ち込まれる部署の責任者として働く四十代の友人が嘆いていた。

「企画って、そもそも百出てきても、何とか使えそうだと思えるのは一割もない。以前試みて大失敗し、その原因が分析され尽くしているものとか、お金と手間がかかるばかりで効果が少ないのが見え見えとか、スポンサーが見つかりにくい企画だとか。企画を見た瞬間、ダメ出ししたくなるものが多い。

だからといっていきなりダメ出しから入るのは企画を持ち込んだ人の意欲をそぐからだめだ、と頭ではわかっているよ。でもね。実際には早めにダメ出ししないと双方不幸になるケースが多いんだよね。恨みを買わない、相手が喜んで次のよりよい企画を持ち込んでくれるダメ出しの技、ないかなあ？」

彼は、もともと経験豊富で有能な企画マン。今は管理職だ。

「こんな事なら、自分で企画つくってプレゼンして回ったほうがよほど健康に良い」とこぼしている。

ダメ出しをされる側も辛いが、する側も大変なのだ。

私はダメ出しで大失敗したことがある。まだ若い局アナ三年目のころの話だ。

高校の後輩という女子大生が局に私を訪ねてきた。アナウンサーになりたいが、どうすれば良いのかという相談だ。

我々の卒業した高校（今は無い）は歴史も浅く、少人数の職業高校ということもあり、放送業界で働く人間は他にいなかった。彼女にとって私は数少ない「志望する業界の先輩」だ。一度も会った事の無い「先輩」を頼っての「職場訪問」は、さぞや勇気のいる事だったろう。ところが、私はバカだったから（今も？）様々な点において配慮を欠いた。お茶も出さず、泊まり明けの薄汚い姿で、半分寝ぼけた表情で出迎え、ロビーで話を聞いたように記憶している。履歴書から、彼女の学業優秀さや大学生活の充実ぶりを知るにつけ、自分と比較し、焼きもちに似た感情もあったのかもしれない。

「この業界、あんまりお勉強のできる人来ないんだよね。多少頭が悪くても、ぱーっとした華やかさの印象一発で合格！　みたいなぁー（バカ丸出しの話し方）。君みたいに頭が良くて真面目で地味な人は、向いてないいんじゃないかな」

書きながら情けなくなるが、これが、会ったとたんのダメ出しだ。すっかり気落ちした彼女は、来たときより一層肩を落とし帰って行った。

「一流銀行か商社でキャリアウーマンとして活躍してるんだろうなあ」ぐらいに思っていたが、数年後、久米宏さんが司会するニュース番組を見て仰天した。てきぱきとスポーツ選手にインタビューしていたのは、私を訪ねてきたあの後輩だ！　彼女は選手密着レポートが高く評価され、オリンピックを始め国際スポーツ大会には欠かせない存在となった。日本でも数少ない女性実況アナウンサーとして活躍しながら、制作者としてもドキュメンタリーの秀作を次々世に送り出している。女子アナの「鑑」と言われ現在も活躍中だ。

これだけの才媛に、「別の道を考えたほうがいいんじゃないかなあ？」とダメ出しをしたのは、この私。どう考えてもダメなのは私のほうだ。ダメ出しとは、かように「リスキー」なのだ。

とはいうものの冒頭の四十代半ば、管理職の気持ちもよくわかる。「ダメ出しをどうすれば良いか？問題」を改めて考えてみよう。

部長は「部内の若い連中なら、比較的抵抗無く、ダメ出しが出来る。年上の部下の企画、誰かの紹介で持ち込まれるダメ企画への対応が難しい」と言う。

確かに年上の部下が、穏やかな表情の裏に「経験の浅いおまえなんかに思いつかないビッグな企画だ。驚いたろう！」という思いをひそませて提出した企画が時代遅れで新味のないものの場合、年下上司はダメ出ししにくいだろう。

また、大事な取引先の紹介を経て持ち込まれた企画にダメ出しするのも気を使う。でも、ダメなものはダメと言わないと仕事にならないから、辛い所だ。

とはいえ、実は私の結論を言えば、相手が年長でも外部の方でも、部下でも関係なく、その「ダメ出し作法」は一つだとおもう。すなわち、年上の部下や紹介を受けた外部の人に気を使いながら「ダメ出しする」のと同じように、普通の部下にもダメ出しするべきなのだ。

「何考えてんだ！　こんなもの三年前にウチがやって大赤字を出した事実を知らないのか？　少しは調べてから企画を出せ！　だめですか？　だめに決まってるだろう！　他には⁉」

こうダメを出されて「ずばっと直言してくれる上司、かっこいい！　頼もしい‼」と受け取る若者は少ない。むしろ「この上司は過去の成功例にしか関心の無い〝終わっている人〟だ。こんな人に企画を出すだけ無駄。真面目に考えるのはばかばかしい」くらいに思うのがオチ。

こうなれば、良い企画は集まらない。人望も失う。あまり良い事はなさそうだ。若手の「頓珍漢な企画」のなかにだって、思いもよらぬヒットのつぼみが隠れているかもしれない。ダメ出しは慎重にすべきなのだ。

そこでダメ出しをする前に心得ておきたい基本が三つある。

①穏やかに、②企画と提出者を分けて考える、③ともに解決策を模索する。ひとつひとつ解説してみよう。

①ダメ出しこそ、穏やかに伝える事

ダメ出しとは「ネガティブ」を伝える事だから、聞く側はおもしろくない。いくら的確な指摘でも、言い方次第で、恨みに思われる可能性がある。だからこそ、ダメ出しの前に一言、穏やかなねぎらいを。

「頑張ってくれたなあ」

「だいぶ知恵を絞っていたみたいだなあ」

「しっかり読ませてもらったよ、お疲れさん」

この礼儀正しい一言は必須と考えておいたほうが良い。いちゃもんをつけたい気持ちをグッとこらえる念仏だと思えば良い。とりわけ、人前で「強いダメ出し言葉」を浴びせかけると「面子」をつぶす事になる。誰にとっても面子は大事だ。

②「ダメ出しの対象は、企画であって、提出した人間ではない」と思え

企画は的外れかもしれない。しかし企画にダメ出ししても提出者の人格にまでダメ出ししてはまずい。そうでなければ「そもそもおまえというやつは！」と話が企画そのものから外れて行ってしまう。

「あの人は、俺が何を言っても否定するんだ」と思われたら、企画提出者との関係性は途切れる。人間関係が上手く行かない人は、管理職失格との烙印を押されることになる。「鬱病の私が問題」なのではなく、「私の中に巣食っている、鬱、というやつが悪さをしている」と考える、心理療法で言う所の「外在化」と同じ考え方だ。

③評論家・批評家ではなく、コンサルタントとして、ともに解決策を考える

「出来の悪い評論家」のように「悪い所を次々ほじくり出す」ことで得られるのは一瞬の「ストレス発散」ぐらい。一般的には非生産的行為として、あまり高い評価を受けないものだ。

むしろ少しでも良い所を探し当て「ここなんかいい感じだよね」と評価する。「ダメ出し物件」から「ほめ所を探す」のは高度な技が必要だが、上手くほめればその後の関係性はグッとよくなる。厳しい指摘をしてもその後を聞いてもらえる可能性が高まる。

ほめ所を探すためには質問力が必要だ。

「この企画の、どこを変えたら、もう一つ新しい展開が見えるかなあ？」

「このアイデアを別のものと組み合わせるとしたら何かなあ？」

「この部分と同じような別のケースを教えてくれる？」

このような質問から、提案者のアイデアがわき上がってくる場合もあれば、提案者が自分の至らなさを反省するきっかけとなる場合もある。

「こんなのダメだ！」という「ダメ出しから入る」と、物事はそこで終わる。

ケチだけつける評論家ではなく、ともに解決策を模索するコンサルタントに徹しよう。

ちなみにその後、件《くだん》の女子アナからの連絡は一切無い。

2　機内アナウンスに「新生ＪＡＬ」を見た

金沢でのシンポジウムのため、小松行きの日本航空に乗ったときのこと。

かつてのＪＡＬは、まさに雲の上の存在。スッチー（今はＣＡ、客室乗務員という）の前では、女子アナなんて「屁」みたいなもの。スタイルも顔も頭もよくて、有名芸能人、スポーツ選手、青年実業家ぐらいしかおつきあい出来ないもの、という遠い憧れの存在であった。

それが近年の急速な国際化、航空自由化の波に洗われ、客室乗務員も契約社員採用となった時点で、ステータスの急降下が始まる。そして二〇一〇年、ＪＡＬは経営破綻を迎えてしまう。

「破綻企業に勤務する従業員のモチベーション維持は大変だろうなあ」

ＣＡたちに笑顔はなく暗く落ち込んだ表情、中には怒りを客にぶつけるように毛布を投げて寄こすものもいた……なんてことは一切無かった。

とびっきりの笑顔で「毛布でございます。いかがですか？」と客にいちいち声をかける。そんな笑顔に甘えて、思わずこう尋ねた私はアホだった。

「新聞ありますか？」

「うちが新聞を用意しなくなったってさんざんテレビでやってたでしょう！　新聞ぐらい自分で買え」と言われても仕方がない状況（仕方がなくはないか？）にもかかわらず、お馬鹿な客にたいして実際の彼女の答えはこうだった。

「大変申し訳ございません。まもなくこちらの画面でニュースが始まりますので、そちらをどうぞご覧いただけますか？（申し訳なさそうな表情、のち笑顔）」

井上ひさしさんが、かつてこんなことをお書きになっていた。

「スチュワーデスは、『ない』という否定表現を使わずに、『○○ならございます』と肯定的に話すように訓練されている」

なるほど。「NO」と即答せず、新たな提案で肯定的に答えを返す。なんとも気遣いあふれる上品さ。ホスピタリティーあふれる接客ぶりに感心し、反省した。

飛行機が上昇し、ベルトサインが消えたころ、恒例の機長ご挨拶のアナウンスがあった。これが一味違ったので、驚いたのだ。私の記憶に間違いがなければ、これまではたいていこんな感じだった

「機長の○○です。本日は日本航空△便をご利用頂きありがとうございます。当機は順調に飛行を続けておりまして、予定どおり、十時三十五分に小松空港に着陸の予定です。現地の天気は晴れ。気温は三十二度です。今しばらく空の旅をお楽しみください」

堂々として丁寧で、「かっこいいなあ」と憧れて、かつては私もよく宴席芸でマネをしたりしたものだ。それがこの日はこんな風になっていた。

「皆様おはようございます。機長の○○と申します。本日は、〝**数ある航空会社の中から日本航空をお選び頂きまして**〟まことにありがとうございます。当機は順調に飛行を続けておりまして、〝**我々の小松空港到着**〟は十時三十五分を予定しております。どう

か皆様わずかなひとときではございますが日本航空の空の旅をお楽しみ下さい。〝日本航空をお選び頂き〟ありがとうございます」

特筆すべきは「数ある航空会社の中からお選び頂きまして」と「チョイス」への「感謝」を、「丁重に」述べているという点だ。「パイロット」という「運航部門」が「営業マインドあふれるコメント」を口にした。

飛行機には比較的よく乗る方だがこれまでここに気がつかなかった。帰りの便でも耳を澄ませていたら、やはり「数ある航空会社の中からお選び頂き」と言っていた。

さらに「我々の」到着というあたりも特徴的。まるでオバマ大統領が「Yes, we can!」と「国民との一体感」を強調したときのように、「あなたたちを乗せてあげている私」という上目線ではなく「みんなで一緒に目的地を目指しましょうね」と「同じ目線」から発せられた一言だ。

二つの表現は、どちらも「皆様あっての私達」という「客への感謝と配慮」が強く印象に残る表現である。かつて「殿様商売」と揶揄されたＪＡＬが、経営破綻を契機に再生努力のひとつとして、コメントの見直しをし、それを現場が率先して実行しているのか？　いやいや、会社の上層部からの圧力で仕方なく言わされている「マニュアル」なのか？

疑問を持ったら直接聞いてみるに限る。ＪＡＬに電話したら広報の男性が親切に応対してくれた。

「それはその機長が独自に考え口にしたコメントだと思います。今年に入ってから、お客様への感謝をより積極的にお伝えするために、個々人に何が出来るか、それぞれが考えていこう、という機運が高まりまして。例えば、万一の場合に待機している機長（スタンバイというのだそうだ）は、何もなければお客様の御案内や、車いすの手入れを。整備員は空いた時間があれば清掃を手伝うといった自主的な動きが出て参りました。お客様がお聞きになったコメントもその機長なりの、より積極的なお客様への感謝の気持の表現ではないでしょうか」

読者の中には、「積極的な感謝の気持の表現」は、破綻する前からやっておけ、という正論をおっしゃる方もいるだろう。それは言える。ただ、自分がいつまでその職にいられるかわからない状況下で、働く人達が自主的に「お客様への感謝の気持を積極的に表わすために今やれることをやるんだ」という思いをひとつひとつ実現している姿は評価されるべきではないか。私なら、やけっぱちになって、お客に八つ当たりしないとも限らない。危機に瀕して、モラルがアップした例として、記憶にとどめたい。

3　女性はなぜ面接に強いのか

「入社試験の筆記、面接の点数で機械的に採用すると社員が女性ばかりになってしまう」

最近、人事担当者からこんな本音を聞かされることがあった。

昔から学科の成績で選別すると、一般的にまじめに努力する女子学生の方が優秀で、男子は「面接でのやる気や、将来の伸びしろを考慮して救っていた」という話はよく聞いていた。ところが、その面接においても、最近は女性の評判が圧倒的に良い。堂々と、理路整然と、しかもさわやかに自分の言葉で対応する女子学生は、即戦力を求める現代の企業にとってはありがたい。実際に営業現場でも若い女性社員の活躍する姿が目立つ。男性が一人前の社会人になるには女性より時間がかかるものだ。「気の利き方」の男女差が、とみに広がっているとの声もある。

私はいろいろな企業や団体に呼ばれ、大勢の前で話をすることがある。会場に到着し、まず客席をそっと覗いて、女性の姿が多いとホッとする。逆にダークスーツの男性ばかりだと少々緊張が走る。

いやいや、私が「女好き」というわけではない。「話のしやすさ」が、男女でまるで違うからだ。明治大学教授でテレビのコメンテーターとしてもおなじみ齋藤孝先生の講演を聴くチャンスがあったが、先生はこのようなことをおっしゃっていた。

「今日は会場を見渡して安心しました。女性の方が多い！　女性はレスポンスがいいですね。しっかり聞いてきっちり反応してくださる。面白いことを言うと、わっと笑っていただける。これが男性、特にある程度の年齢のおじさんばっかりだとクスリともしない。『笑ったら一生の恥だ！』と言わんばかりの方もいる。そういう男性ばかりの時、私は全員の方に立っていただき、ジャンプしてもらうんですね。緊張をほぐす。そうしてから話しはじめることにしています」

先生のこのお話、大いに共感した。

先日私が研修セミナーの講師として呼ばれた会場は、その点において、天国のようなところだった。全国から選出された保健師さんたちの年に一度の研修会。聴衆のすべてが女性だったのだ。

紹介されて登場する前、舞台の袖から覗いたら、ばらばらに集まった初対面同士とは思えないほど、皆さん仲よく雑談で話が弾んでいる。女性の社交性、場の適応力にはすごいものがある。男性だとこうはいかない。

隣同士の会話はまずない。互いに前をまっすぐ向いて、資料をじっと読む者、時間をもてあまし、ケータイをしきりにチェックする者。「雑談に花を咲かせる」という光景はあまりないのが普通だ。男性は人見知りが基本ともいえる。

さて、いよいよ本番。司会者が登場。私の紹介文が読み上げられると「どんな人？」「知らんネー」「有名人？」「ラジオの人みたいよ」「へー？」……。保健師さんたちは周囲との情報交換から好奇心のアイドリング状態が既に始まっている。

で、登場すると「へえ、この人かいな？」という表情が既に笑顔になっている。「こんにちはー」と言えば、職場や近所でいつもやっているように「こんにちはー」と声を出してくださる。その日に合ったネタを二つ、三つ軽く振ると、「そうそう」と笑顔でうなずいてくれる。

保健師は医療専門家だから、インテリ集団ともいえるのだが、「構えた感じ」がない。「今この時を楽しんじゃおう」という「遊び心」に満ちあふれている。一人対百数十人の構図だが、ほとんどの人が「あの人は自分に話しかけているんだ」という受け止め方をしてくれる。

話にはきちんと笑顔の頷きと相槌で反応してくださる。質問を投げかければ即座に大声で答えを言ってくださる。冗談を言えば、きっちり突っ込みを入れてもらえる。リレーション（つながり）がすぐにでき上がる。

こういう聞き方をされると、私のモチベーションはどんどん上がり、相乗効果で、話はどんどん盛り上がっていく。聞き手が上手だと、話す側も普段以上の能力が発揮できる。

女性は、学びも「エンターテインメント」という意識をもっている。「楽しさに貪欲」だ。ということは、楽しくなければ、学ぼうという気にはなっていただけない。この辺は実はシビアなのだ。女性の多い会議、プレゼンの時、ちらっと思い出してほしい。

ここまでで終わると、男相手の時はつまらないのかと思われてしまうかもしれない。しかし男性に向けた話は、それはそれで別の楽しみがある。

確かに、女性の方がスタートダッシュは断然いい。

男性は、周囲からどう見られているか、他者の評価を気にしがちだ。こんなくだらないことで笑って軽薄な奴、と思われてはまずい。脇を締めて臨まなければ。そう堅く考えがちだから、入り口の反応が薄いのは仕方がない。これが、話し手を不安にさせる原因でもあるのだが。

ここで何とか盛り上げなければと焦って、無理矢理笑わそうと思ったりするとさらに引かれ、取り返しがつかなくなる恐れがある。

「その場の気分、ノリ」を大事にする女性が多い一方で、男性は「理屈」を大事にする傾向がある。このポイントを心得た話し方をすれば、男性相手でも外さないで済む、というのがこの十年で得た結論だ。

男性は、きっちり論理的に組み立てた話、自分の好奇心に沿った話が好きだ。冒頭で好奇心と思考力を刺激するちょっとした○×クイズを五～六問、立て続けに出し、必ず○か×かに手を挙げさせ、身体と頭を活性化させるのも効果的。

ただし「知らないと恥だ、間違ったら笑われる」というプライドに関わる問題はダメだ。どうでもいいのがいい。

「この部屋の温度は現在二十四度だ。○の人？　×の人？」「今日皆さんの召し上がったお弁当、おかずは十品以上だった。○の人？　×の人？」

この程度のものでよい。齋藤孝先生の「ジャンプ」と同じ役割だ。これを素早くやったあと、深呼吸を一緒にやってから、さあ、本論をぶつける。

「今日話すのはこの三つ」と全体の予告をしてから「これを知ったら得られる成果がこの三つ」と、「知っておいたら得だ」ということをアピールしてから話し始める。

ここまでやれば、まじめな男性は必ずメモを取り始める。こちらもメモが取りやすいように、簡潔に、筋道だった話を心がける。数字や形など、ディテールを押さえた話に気を配る必要がある。話しているうちにどんどんメモを取る人が増えて来たら「ウケている」と思っていい。

女性に比べればあらゆる点で反応は弱く見えるが、各人の頭の中にそれぞれの疑問符を立てながらしっかり聞いているはずだ。これで話はうまくいっている。「メモを取り出す」というのが「自信を持って進めていい」という合図だ。

男性聴衆の頭の中では「じゃあ、○はどうなる？　そう言うけど、×はどうだ？　で、結論は？」と、論理の柱が何本も立っている。それに次々と答えるように話を展開していけば男性聴衆は満足する。

節目節目で「ここまでで、質問のある人？」と手を挙げてもらったり、歩きながら、

「何か気になることありました？」と近くの人に聞いてみたりすることも、飽きさせない有効なテクニックだ。

そんな時に、思いもよらぬ、ラッキーなクエスチョンが出てくることがある。その質問に答えることで、話がさらに豊かになる。こういう場面で適切な「質問」をちょうだいするということは、「聞いていますよ」という何よりの証拠だ。

こんな風に的確な質問が出たときは、女性に「がははは！」と笑ってもらったときと同じように、話し手の中で脳内麻薬が分泌され、聴衆との、静かだが熱い連帯を構築することができる。結果として、聴衆の満足につながる。

世間で「男が動、女が静」と言われているのとは逆に、「話を聞く」ということに限れば、女性が「動」で、男性は「静」だ。女性が「陽」で、男性が「陰」と言っても良い。

スピーディーに機転が利いて、明るく朗らか、感情豊かで、自然な自己主張が得意な女性。メンツにこだわり周囲を気にし、理屈で納得しないと動けない人見知りで気の利かない男性。

実は静も動も、陰も陽も、どちらも企業にとっては大事な資源だ。ただし、短時間の勝負となる面接では、どうしても「動」「陽」の印象が良くなる。だから面接では女性が強いのも無理の無い話ではある。

機転が利くのも明るいのも大事なら、じっくり理屈で、損得で考えることも大切だ。「動」と「静」、「陽」と「陰」両方でワンセット。採用はバランスよく。そのために男性に「下駄を履かせたい」ならそれもありだと私は思う（いまだに女性差別の気風が残る企業があることを知りながらあえて言っている）。

4　口下手のためのコミュニケーション講座

かつて、「日経ビジネスアソシエ」が五百人のビジネスパーソンを対象に行った調査（二〇〇五年初夏）が驚くべき数字を示している。九十二・二％が「話し上手になりたい」と答えているというのだ。

「話し上手になりたい」というからには、「今の話しぶりに納得がいかない」「ビジネスで不利」「このままでは出世もおぼつかない」「モテ会話がうまくいかない」というように「自分のトークのスキルに問題あり」と自覚する人が多いことになる。中には真剣に

「口下手な自分」に落ち込んでいる人もいるだろう。私はそういう人には、輝ける未来があると信じている。「自分は達者なしゃべり手ではない。むしろ口下手である」という自覚があるからだ。ただし、そういう人は無理に「話し上手」を目指すことはない。話す以外の自分の「資源」を伸ばしていこうと知恵を働かせるといいと思う。

たとえばどんな資源があるのか。ここでは三つの解決策を提案してみたい。

①笑顔の素敵な人を目指そう

山田雅子埼玉女子短期大学准教授の「どうしても笑顔に弱い私たち」という論文（「ヒューマンスキル教育研究」16号）を参考に話を進めてみよう。

「笑顔が素敵な人」＝「悪い人ではない」＝「近づきたい」

この公式を我々は物心のつく前から叩き込まれた。赤ちゃんの時、知らない人の顔を見て笑えばどんな人だって「わあ、かわいい！」とあなたに笑顔で応じてくれたはずだ。

言葉での表現が苦手だ、という人がまず学ぶべきは、とびっきりの笑顔だ。無口でも口下手であっても、笑顔の練習を積んで、自然な笑顔を獲得できれば、あなたの「コミュニケーション能力評価」は急激にアップする。この「笑顔の練習」には別にもう一つ

「大メリット」が付録でついてくる。

「顔面フィードバック仮説」といって、私達の感情は表情によって作られる可能性があるのだという。山田氏によれば、楽しくない時でも、笑顔を作れば気分が上向き、楽しい感情がわき上がってくるという。

さらに笑顔には笑顔が返ってくる。笑顔をつくって生まれた「快感情」は笑顔を送った相手方にも伝染するともいう。こういうつながりこそ、言葉に勝るとも劣らない優れたコミュニケーションだ。「口下手」意識があればこそトライして会得したこのスキルから、あなたは思わぬ大収穫を手にすることになる。

②気配り、気働きの人を目指す

一言で言えば、相手の立場に立って物事を考える習慣をつけるということだ。さらに第三者の視点もキープしておこうという提案もしておく。気配り、気働きには、独りよがりが大敵で、それを防いでくれるのが自分を俯瞰してくれる第三者の目だ。

自分がやられて嫌なことはしない。ブティックで自分につきまとうような店員。あなただったらうれしいだろうか？

「こんなのが流行ってますよ」「これなんか良いと思いますよ」と、しつこく勧めるお店は落ち着けないもの。

お客様とほどよい距離を取り、さりげなくたたずむ。呼ばれたら「ハイ！」と笑顔で近づき、聞かれたことに対し、正確な知識と誠実な態度で接したら、「この人から買いたい」と思うことだろう。そういう人を目指せばいい。

「いつも相手の立場で物事を考える」ために「観察力」と「想像力」を磨いておく。スムーズすぎない接客が、かえって相手の心を捉えることだってある。「口下手」が有利に働くことがあるかもしれない。

③聴き手に徹する

声をかけられたら、「ハイ！」と大きな声で返事して、素早く相手の前に進み出る。「解決策①」で学んだように、相手に「好意を持っていますよ」という笑顔のアイコンタクトを試みる。相手の発言と一緒に、相手の表情や気分を感じ取りながら、それに合わせつつ耳を傾ける。適切に、うるさくない程度に頷き、相槌を打つ。

「はい、ええ、そうですか、いいですね、凄い！　わあ！」

先輩や上司、お客様、取引先が相手なら手帳を持ってメモを取る姿勢をまず見せよう。「あなたの話すことはとても大事ですから」と、メモを取ろうとするその行為そのものが、相手への強い尊敬の念を伝えるメッセージとなる。

メモを取りながら聴くと、集中して聴けるから、相手の話す内容が理解しやすいし、相槌もより自然になる。メモを取ることで相手の視線も適当に外しながら話が聴けるから、人見知りには都合がいいというメリットもある。

最低限のルールは、相手の発言をさえぎらない、否定しない。相手の表情を見ていれば、「そっちからも何か質問ある?」という瞬間がある。そういう時、メモを書いていて気になることがあったら、それについてのみ短く質問する程度がいい。なければ「よく理解できました」とにっこり笑顔を作ればそれでいい。

上手なコミュニケーターは、相手に七割しゃべらせて、こちらは三割しゃべる、などと言うが、口下手なら、相手に九割渡して十分だ。

それでも口下手が不安、不満という人もいるかもしれない。しかし、私はどちらかといえば、「私は十分話し上手だから、会話するのに何のコンプレックスもない」と答える人の方がまずいと思う。昔から、極めて上手で流暢に話すことを「立て板に水」と表現する。外国では知らないが、我が国ではこの言葉、あまり良い場面で使われないのだから。

5　若手に贈る「中高年克服法」

「中高年の男性のお客さんを前にすると怒られそうで、うまく接客できない」

こういう二十代のスタッフが最近増えて困っていると、旅行代理店勤務の五十代の友人が嘆いていた。

こういう話を頻繁に耳にするようになった背景には、二つの流れが考えられる。一つは若者が「打たれ弱く」なっていること。そしてもう一つは中高年マーケットの活発化。

ラジオでご一緒した某マーケティング専門家はこんな予測を述べていた。

「今の若者は堅実でものを消費することにあまり積極的とは言えない。定年世代に限らず四十代半ばぐらいから上は、バブル時代を経験し『ものを買うことの魔力』にとりつかれたことのある世代。売り手からすると魅力的な市場です。本格的にマーケットが動き出すのが、まさにこれからですよ。大チャンス到来です！」

話半分にしても、中高年にバンバン金を遣ってもらおうと考える企業からすれば、若者の苦手意識は困ったもの。さて、ではどうすればいいのか。

流通専門誌「激流」には、「消費人口急増！　シニアマーケットの正体」という特集が掲載されていた（二〇一一年七月号）。この特集のまとめに、重要なコメントがあった。

「キーワードは納得性とコミュニケーション」

消費の中心になる人たちはお金に余裕があり、時間もあるが、実は納得のいく接客でアプローチしないとついてきてくれませんよ、という警告を発しているのだ。

ここからが「オヤジが怖い若者」問題の本論だ。厳しい就職戦線を勝ち抜いてきた、極めて優秀な若者が、大事なお客様を前に「怖い」と震えている。彼らは「納得性とコミュニケーション」という、この時代に最も求められているミッションをクリアできずにもだえているという。

取材してみると、若い接客業の人達の声には確かに悲痛なものがあった。

「商品の内容、顧客メリットなどしっかり把握したうえで、接客しようと意気込んで臨むのに、商品説明以前の段階で『なんだこの小僧』という表情でにらまれ、その後説明

がボロボロになり、商品販売には結びつかなかった」（銀行窓口・男性・二十六歳）
「会社一押しの商品を説明しかけたところで、不愉快そうな顔でその場を立ち去られた」（旅行代理店窓口・女性・二十二歳）
「『お客様ならご存じかと思いますが』とヨイショしたつもりが『ご存じじゃなければいけませんか⁉』と、ねちねちいじめられた」（証券会社・男性・二十四歳）
「研修で教えられた通りに熱心にお勧めしたら、いきなり説教された」（住宅関連・女性・二十八歳）
「お客様が笑ったから調子を合わせて笑ったら『何がおかしい！』と激怒された」（クレジットカード会社・女性・二十七歳）
こういう体験は、彼らにとってはＰＴＳＤ（心的外傷後ストレス障害）のようなもので、同じ年格好の「オヤジ」「おばさん」を見ると「予期不安」が募ってくる、というケースさえあった。そこまで酷いのはともかく「中高年の客は苦手」と思っている若者が少なくないという印象を受けた。
彼らの恐怖心は理解できるけれども、こんな風に「腰の引けた営業」をされたら会社としては困った話で、私の友人達が嘆くのも、もっともである。真面目だが、人間観察が下手、対人関係が希薄で、傷つきやすい若者をどう教育したらいいのか?

「THE21」(二〇一一年七月号)の特集「大調査! 売れ続ける『営業術』」の中でABCマートの現場責任者である佐々木秀明さんが「売ろうとすると、かえって買ってもらえない」という話をしている。

「それ、お似合いですね。よかったら、サイズを出しますので履いてみてください」

靴屋さんではおなじみのこのコメントは禁句だと佐々木さんは言う。店に入って漠然と物色している客に、即こういう言葉をかけると「いや結構」と言われる確率が高いという。なぜか?

客の立場に立ってみればわかる。私にも覚えがある。

「店に来たからには買って帰ってくださいね。逃がしませんよ」

そんな無言のプレッシャーは誰だって嫌だ。

では、どうすれば客に嫌われずにすむのか? 佐々木さんはこんなやり方を勧めていた。

まず、いきなり声をかけずにお客様をじっくり観察する。どんな商品を手に取っているのか。今履いている靴や着ている服から目指すファッションに探りを入れる。靴のサイズは見た目で判断する。こうした情報を、さりげなく収集したうえで、ある程度時間が経ってから、情報を元にさりげなく言葉をかける。

たとえば「黒い靴をお探しですか？」「ランニングシューズをお探しですか？」という具合。ここから自然な会話が始まれば結果的に商売に結びつくのだそうだ。

黒い靴をさがしている客に「黒い靴をお探しですか？」、ランニングシューズをさがしている客に「ランニングシューズをお探しですか？」……随分芸が無いようにも思えるかもしれない。

「そんなベタなやりとりでいいんですか？」と真面目な若い人は疑うかもしれない。しかし、私は素晴らしい応対だと思う。この言葉は、相手を観察しているからこそ口にできる。

相手の迷う気持ちに共感しながら発する「さりげなさ」もポイントだ。相手の心が開き始めたことを実感したら、観察から得たデータを元に会話を徐々に深めていく。雑談をスタートさせるコツは、互いが共通に感じたり目にしたりするものを話題にするのがいい。「暑いですね」「渋谷は今日もにぎやかですね」「お出かけですか？」

夏が暑いのは当たり前だし、繁華街が静まりかえっていたら恐ろしい。どこかに出かけるからそれなりの格好で玄関をでたのだ。

それでも、ある種の女優さんでもない限り、「別に」と言われたり、あえて反論されたりすることはまずない。当たり前すぎて意味のない声がけこそが、相手にプレッシャーを与えない会話の入り口にふさわしいと体験上知っているから、みんな当たり前のことを口にする。

抵抗感の少ない言葉がけに気色ばむ人はまずいない。こういう言葉で客の出方を待つ間が大事なのだ。そして穏やかな表情でお客様の反応を待つ。手応えを感じ取れたところで、必要な商品説明を雑談のように話す。

「お客様との和やかな立ち話を目指せ」が佐々木さんの職場の合言葉だそうだ。店内のあちこちで、笑顔の雑談が展開されている店なら、客は「買わされるんじゃないか」

「丸め込まれるんじゃないか」「買わないと気まずいんじゃないか」という「押しつけがましさ」を感じなくてすむ。名言だ、と感心した。

ここで佐々木さんは、中高年を意識して語っているわけではないが、「中高年が怖い」という若い人はとりわけ耳を傾けるに値する言葉だと思う。

「相手の話に耳を傾け、しっかり観察し、感情を汲み取り、誠実に対応する。成果をあせらない」

何のことはない。コミュニケーションの基本に忠実であれば、中高年恐怖症など思うこともない。

6 「モテたいなら話を聞け」は本当か

老若男女の悩みのかなりの部分を「モテ」問題が占めている。もちろん、そんなものもう卒業しましたという人や、幸い一度も不自由したことがありませんという憎らしい人もいるだろうが、それでもその手のことで悩んだことがない人は珍しい。

どんなに情報化が進んでも、いやむしろ情報が増えたことで悩みを増やしている感もある。「マニュアル本のアドバイス通りに服装を整え、デートコースも決め、楽しい会話も仕込んでみたが、まるで相手が乗ってこない」と嘆く若者は少なくない。

そんな時に、「僕は背が低くて、太っていて、お金もないから」と原因を見た目や収入に落としこんで納得してしまう人もいるだろうが、それでは永遠にチャンスは訪れない。

「ひょっとして、自分には『解読スキル』が足りなかったのではないか？」

そう気持ちを切り替えることで恋愛がいい方向に急展開する……かもしれないと心理学では言っている。

「解読スキル」は文字通り「スキル」だ。簡単に言えば、相手の心を読み取り（解読し）、それに沿った行動ができる能力のこと。スキル＝技術＝テクニックだから、訓練次第で熟達可能である。身体的、金銭的ハンデを過度に気にする必要はない。

身の回りを見渡して欲しい。二枚目や美女が必ずしもいい恋愛を育んでいるとは限らない。むしろパッと見「？」というタイプが素敵な恋をして、結婚。素晴らしい家庭を築いているという例はそこかしこにあるのではないか。

「相手の気持ち」を推し量り、理解する技。言い換えれば、相手の立場にたった「配慮」や「思いやり」に基づく「愛他的心（自分以外の相手への愛を重視する気持ち）」を持つ「スキル・能力」は恋愛の必須アイテムだ。

具体的な戦略論に入ろう。武器に用いるのは「自己開示の返報性」と呼ばれる法則だ。こちらが構えることなく開けば相手も開く、こちらが構えて閉じれば相手も閉じる。

ごく浅い自己開示、例えば軽い独り言風に「気分をつぶやく」くらいの気持ちで「素の自分」を伝えてみる。いきなり深く「熱い思い」を語り始めてはならない。相手はその「重さ」に耐えられず、気持ちが冷めてしまう。「返報」など期待できなくなってしまうのだ。

「思う人には思われず、思わぬ人に思われる」という言葉がある。「これが本命、絶対に仕留めてやる」。仕事も恋愛も、力めば力むほどうまくいかない。無用な力みは「素直な自己開示」の大敵だからだ。

解読する事に焦ってしつこく問いただそうとするのも相手に「鬱陶しいやつだ」と思われ「引かれる」だけだ。マニュアル本に欠けがちなのがこの視点。ある「デート指南本」を読んだら、親しくなるために「どんどん質問をぶつけることがポイント」とあった。この本に限らず、「女性は話をしたがっている。聞いてもらいたがっている。だから聞き手になればいい」といった説はよく目にする。それは間違いではないのだろうけれども、ストレートに実践するのは見当違いである。

想像してみて欲しい。付き合いの浅い相手が、急に自分のことをベラベラ喋るわけではない（そういう人もいることはいるだろうが）。そういう場合、聞き手になろうとしたら、おのずと質問をぶつけることになる。

「血液型は何？」「星座は？」「何食べる？」「何したい？」「どこ行きたい？」「今楽しい？」「お母さんに電話とか入れなくて大丈夫？」「トイレすましとく？」

これで相手は喜ぶか。いや、「うるさい！」と叫びだすはずだ。ではどうするか。質問の前に自分を少しだけ「開く会話」を心がけることだ。

男「いやー、雨上がって良かった！（ひとりごと風に）」

女「昨日だったらこんな素敵な庭園カフェでお茶を飲めなかったわ」

男「こんな風に天気予報が外れるのは嬉しいなあ」

女「予報より私の勘のほうが当たることがあるのよ」

男「僕も生まれが信州の山あいだから、雨とか雪とか霜とか天気には敏感なんだ」

女「えー、私は静岡。お隣の県なのね」

男「静岡なんだ！　先週出張で三島に行ったけど、富士山がすぐ眼の前にでっかくそびえていて、びっくりした」

女「私、あの駅の近くにある日大の国際関係学部出身なの」

男「えっ！　僕は同じ日大でも神保町の法学部だけど」

女「同窓生だったんだ!!　何年卒？」

何でもないこのやり取りは「自己開示の返報性」の分かりやすいサンプルだ。「君とデートできて良かった」という気持ちを、「雨が上がって良かった」と軽い言葉で投げかける男性。重い自己開示で無用なプレッシャーを与える事を巧みに避けている。

その彼の気持ちを受けて「私もこの場所に来られてちょっと嬉しいかも」との感情を、彼と同レベルの表現で自己開示して返す彼女。彼女は徐々に打ち解けて、自分の「天気に敏感」という特性をちょっぴり自慢気に語り始める。

彼はさり気なく故郷に話を展開し、自己紹介話につなげていく。それに応じて彼女も出身地に触れた会話をしてきた。そして思わぬ所で同窓生である、という共通項を発見。距離は一気に縮まってくる。

もちろん、こんなふうに上手くいかないことだってある（そのほうが多い）。しかし、そういう「解読スキル」を意識した会話スタイルを磨いておくといい出会いのチャンスをつかみとる確率が確実に増える、はずだ。

7　テキパキにこだわらない

「ダラダラ、ゆったり、テキパキ、せかせか」

行動や時間の過ごし方を表現する代表的な四つの副詞だ。

私はひたすら「テキパキ」を目指しながら、結果的に「せかせか」人生を送ってきたような気がする。

幸か不幸か、アナウンサーとして、「滑舌が良いねえ（中身はないけど）」「テンポが軽快だ（内容が薄っぺらいけど）」といった「褒め言葉」とともに重宝がられる機会が多かった。そのせいですっかりその気になってしまったのだろう。いい年をして、未だに「せかせか」体質から抜け出せず、困ったものだと思う。

「いつまでたっても落ち着かないわねえ、話し方も物腰も」

妻がしばしば呆れ顔になるのも分かる気がする。

そろそろ「ゆったり」できるような成熟した時間を過ごしたいと思う。こんなことを今更ながら感じたのは、二十余年間通っている美容室での会話がきっかけだった。以下は、馴染みの美容師さん（男性・私より十歳くらい若い）とのやり取り。

「なんだかここに来るとほっとするなあ。考えてみたら、私の前にお客さんがいて待たされたことも、私が髪を切ってもらっているときに誰かが後ろで待っていることも、ほとんどないよねえ。失礼な言い方だけど、お客さん少ないでしょう？」

「えー？　こんなに長く通ってくれていて、今気が付きました？　うちはここ十年以上、予約の前後十分から十五分は空白の時間を作っているんですよ」

「あ、そう！　意図的にバッティングを避けていたの？」

「予約をパソコンで自動的に入れるところもあるようですが、うちは未《いま》だに電話で受付けます。電話でお話ししているうちに、細かい注文も伺える。それぞれの方の髪の状態は把握していますから、無理なく仕上がる時間が分かります。それにプラス余裕の時間を入れるんです」

「そうか。私のヘアスタイルはワンパターンだけど、女性の場合は新しい髪型に変えてみようとか、いろいろあるだろうからなあ」

「それでも迷っているような場合は、当日の時間に余裕を持たせる。『やっぱり、パーマかけるわ』とその場の雰囲気でおっしゃる方だっていらっしゃいますから。

　お客様の中には仕方なく予約時間に遅れてしまうという方がいらっしゃいます。例えばお子さんが小さい奥様の場合、お子さんを預かってくれるはずのおばあちゃまの到着が遅れた。仕事を持っているママさんの場合、退社後すぐにうちにくるつもりが、一度保育園に顔を出さなければならない事態が発生した。なんやかやと突発的なことが起きるものなんです。

そういうときのための保険として最低三十分は余裕を持たせます」

「大学病院なんかは、予約時間なんてあってないようなものだからなあ。それに比べるとここはすごい！」

「自慢ついでに言いますが、うちは遅れと反対の場合も考慮に入れているんですよ。お年を召した方の中には、予約時間よりだいぶ早めにこられる方がいらっしゃる。

こちらとしてはありがたいことなんですが、お客さんによっては、誰かが待っている状態で髪を切られると落ち着かないと感じる方もいるんです」

「人気ラーメン店で、後ろに立っている客に『早く食べろ』と言わんばかりで待たれている。そんな嫌なプレッシャーみたいな？」

「まあそういう感じの方もいらっしゃる。せかされる気がしてリラックスできないんですね。ここにこられる方は、自分だけの空間でゆったり過ごしたいとおっしゃる方が多いですから」

「なるほど、だから私はあんまりほかのお客さんと顔を合わせることがなかったんだ。客が来なくて暇で困った、じゃなかったんだね。

考えてみると、私もここに来ると解放感に包まれて気分良いなあ」

「時間にとらわれずに仕事ができるのが自分では一番楽です。楽だから私もリラックスできる。私がリラックスしないとお客さんも居心地悪くなるんじゃないでしょうか。梶原さんはそういうのとは関係なくリラックスしている様子ですが」

気が付けば、オヤジ二人が、鏡越しにのんびり、ゆったり、どうでも良い会話を楽しんでいる。テキパキを目指さない私。だからせかせかしなくてもすむ。他人から見れば「ダラダラ」かも知れないが、私自身は「ゆったり」を楽しんでいる。

私より十歳近く年下の美容師さんが、とうの昔に気が付いていた「ゆったり」の気持ちよさに、この期《ご》に及んで気付かされるとは。

こういうのを晩生《おくて》とは言わないなあ。

（本書は日経ＢＰネット・日経ＢｉｚアカデミーＢｉｚＣＯＬＬＥＧＥ連載「梶原しげるの『プロのしゃべりのテクニック』」に、大幅に加筆、修正を施し、再構成したものです）

梶原しげる　1950（昭和25）年、神奈川県生まれ。早稲田大学第一法学部卒。文化放送での20年のアナウンサー経験を経て、フリーに。著書に『口のきき方』『すべらない敬語』『即答するバカ』など。

Ⓢ新潮新書

489

ひっかかる日本語《にほんご》

著　者　梶原《かじわら》しげる

2012年10月20日　発行

発行者　佐　藤　隆　信

発行所　株式会社新潮社

〒162-8711　東京都新宿区矢来町71番地
編集部(03)3266-5430　読者係(03)3266-5111
http://www.shinchosha.co.jp

印刷所　二光印刷株式会社
製本所　株式会社植木製本所

ISBN978-4-10-610489-3　C0281